W0371395

SCHÖNHEIT DER NATUR

BLUMEN

MIT REZEPTEN AUS DEM PARADIES

SCHÖNHEIT DER NATUR

BLUMEN

MIT REZEPTEN AUS DEM PARADIES

Idee und Fotografien
Kees Hageman

Text
Elisabeth de Lestrieux

Blumenarrangements
Tessa Feldhaus van Ham - van Dam Merrett

DUMONT

Inhalt

Wir wohnten früher in einem waldreichen Gebiet, so daß für uns Kinder Bäume und Heide selbstverständlich waren – so selbstverständlich, daß wir sie kaum beachteten. Mein Vater begann jedoch schon sehr früh, uns auf die Schönheit der Natur aufmerksam zu machen. Wir lernten, unsere Sinne richtig zu gebrauchen. Dafür bin ich ihm noch heute dankbar. Es dauerte nicht lange, bis ich mich für Pflanzen, Gärten und Landschaften begeisterte und anfing, das Schöne in der Natur zu fotografieren, wann immer mir meine andere Arbeit Zeit dafür ließ. Ich beschränkte mich dabei nicht auf die Niederlande, denn auch im Ausland boten sich mir besondere Anblicke, wurden meine Sinne von Farben und Kombinationen berührt und meine Neugier geweckt – und so entstanden immer mehr Fotografien. Neugierde schärft den Blick, und wenn man Schönheit festhält, kann man sie länger genießen, wodurch ein befriedigendes Gefühl entsteht. Wann das aufhört? Offensichtlich nie! Nach und nach entdeckte ich soviel Sehenswertes, daß ich es schade fand, niemanden daran teilhaben zu lassen. So hatten wir die Idee für dieses Buch über die Schönheit der Natur, speziell von Blumen, die in ganz Europa fotografiert wurden. Diesem Buch folgen noch weitere: Eines beschäftigt sich mit »Früchten«, und ein anderes hat »Gemüse« zum Thema (und wer weiß, vielleicht setzen wir diese Reihe fort!). Es versteht sich fast von selbst, daß auch in diesen Büchern der optische Genuß mit Rezepten von Chefköchen ergänzt wird, die nicht nur die schöne, sondern auch die schmackhafte Seite von Naturprodukten zum Vorschein bringen.
Ich hoffe, daß alle, die dieses Buch in die Hand nehmen, genau wie ich das genießen, womit die Natur unsere Sinne verwöhnt.

Kees Hageman

Man nehme Blumen, viele Blumen, in all ihren entzückenden Erscheinungsformen, Farben und Düften …

Man nehme dazu einen Fotografen mit viel Gefühl für die Natur, der mit dem Auge eines Künstlers die Kamera dirigiert …

Man nehme dann noch eine Frau, die mit Sachverstand und ausgelassener Fröhlichkeit Blumen arrangieren kann …

In diesem Buch sehen Sie, wie ein solches »Rezept« Blumengenuß auf höchstem Niveau verspricht – vor allem, wenn noch das eine oder andere Rezept von Meisterköchen hinzukommt, die extra für dieses Buch besondere Spezialitäten kreierten. Da ist es doch selbstverständlich, daß dabei ein ganz besonderer »Strauß« von Genüssen zustande kommt …

Ich hatte lediglich die angenehme Aufgabe, all diese schönen und köstlichen Dinge zu kombinieren und mit Text zu versehen. Das einzige Problem dabei war, aus der Fülle des großartigen Materials, das Kees Hageman mir gab, eine Auswahl zu treffen, denn er liebt alles,

was schön ist, und wird nicht müde, dies immer wieder mit Fotos zu dokumentieren und sich vor allen Dingen selbst daran zu erfreuen. Blumen – und Gräser, Sträucher und Bäume – sind eigentlich immer schön, sowohl in der freien Natur als auch im Garten, wo man sie pflücken oder schneiden und zu Arrangements verarbeiten kann. Deshalb entstanden sehr viele Fotos.

Darunter befinden sich Aufnahmen von den wunderbaren Pflanzen auf Feld und Wiese, an denen Kees Hageman kaum vorbeigehen kann, wenn der Himmel klar und strahlend oder die Farbkombination mehr als nur »schön« ist, aber auch Aufnahmen von Kulturpflanzen, die ihre Schönheit in Gärten oder Sträußen zeigen.

Gerne war er mit der Kamera dabei, wenn Tessa Feldhaus van Ham-van Dam Merrett mit sicherer Hand im Haus ihre Blumenkreationen steckte oder sie in einer passenden Umgebung im Freien arrangierte. Dadurch bekommt dieses Buch, das die Schönheit von Blumen so eindringlich vermittelt, eine ganz besondere Dimension.

Zum Glück war Kees Hageman bereit, den Genuß all dieser schönen Dinge, die er fotografiert hat, mit anderen zu teilen und in einem Buch zu veröffentlichen. Und auch in seinen weiteren Büchern wird die Schönheit der Natur so gekonnt widergespiegelt sein wie in diesem Buch.

Elisabeth de Lestrieux Hendrichs

Zweige bekommen Farbe, Knospen sprießen

Es ist soweit: Auf dem Land verändern die Ruten der Weiden fast unbemerkt ihre Farbe: biegsame Gerten, die sich gut zum Korbflechten eignen, sind reif zum Schneiden. An vielen Orten finden wir jetzt Zweige, die Gestecken und Sträußen Farbe geben – meist sind es Hartriegelgewächse wie *Cornus sericea* 'Flaviramea' mit ihrem gelbgrünen Holz oder *Cornus alba* mit ihren roten, jungen Zweigen. Bald zeigen sich überall Knospen: Die Weidenkätzchen beginnen zu sprießen, aber auch Ahorn-Arten zeigen mit Büscheln kleiner Blüten ihren Drang zu wachsen. Eine Obstbaumsorte nach der anderen fängt an zu blühen, und dazwischen tauchen die ersten großen Magnolienblüten auf. Die weiße *Magnolia stellata* ist unter den frühestblühenden, rasch gefolgt von *Magnolia salicifolia*, die später kleine, nach Zitrone duftende weidenartige Blätter entwickelt; zarte und kräftige Rosatöne präsentiert *Magnolia* x *soulangiana*. (Mehr über Magnolien erfahren Sie auf den Seiten 40 bis 44.)

Obstblüte

Obstblüte nennt man die Blüte der Obstbäume, die in jedem Frühjahr Obstgärten in überdimensionale Sträuße verwandelt. Dieses Schauspiel kann man am intensivsten genießen, indem man eine der »Obstblütenstraßen« entlangfährt. Über Wochen kann man sich an der Obstblüte erfreuen – von den ersten duftenden weißen Mirabellenblüten bis zu den letzten zartrosa Apfelblüten. Mit den blühenden Zweigen der Obstbäume können wir den Frühling feiern. Große Sträuße aus Obstzweigen sind für sich schon hübsch, aber auch in Zusammenstellungen mit anderen Frühjahrsblumen läßt sich eine gute Wirkung erzielen: Weiße Maiglöckchen, blaue Traubenhyazinthen und Blütenbüschel der Traubenkirsche *(Prunus padus)* eignen sich dazu. Zierkirschen und -äpfel blühen ebenfalls im Frühjahr. Sie wachsen nicht in Obstgärten, sondern verleihen Parks und Gärten kräftige Farbtupfer. Ist die Obstblüte vorbei, finden wir noch für kurze Zeit bunte Blütenteppiche auf der Erde – ein schöner Abschied, der jedoch nicht schwerfällt, denn eine üppige Blüte verspricht reichen Fruchtertrag.

Prunus spinosa

Prunus serrulata 'Shirotae'

Malus floribunda

Malus sylvestris

Halesia carolina – dieser Art des Schneeglöckchenbaumes gebührt ein besonderer Platz.

Prunus serotina

Malus 'van Eseltine'

Malus und *Prunus* zeigen verschiedene rosa Schattierungen.

Prunus serrulata 'Pink Perfection'

Prunus serrulata 'Amonogava'

Malus 'Profusion'

Malus floribunda

Blumenzwiebeln

In großen und kleinen Büscheln stehen jetzt Hasenglöckchen *(Hyacinthoides non-scripta)* und andere niedrige blaublühende Pflanzen wie Schneeglanz *(Chionodoxa)*, Traubenhyazinthe *(Muscari)* und Blaustern *(Scilla)* für hübsche, kleine Sträuße bereit. Etwas höher sind die weißen Sommerknotenblumen *(Leucojum aestivum)*. Die höchsten Stengel hat jedoch die zartrosa Steppenkerze *(Eremurus robustus)*, die in verschiedenen Farbtönen blüht. Um der eindrucksvollen Schönheit der gelb und orange blühenden Kaiserkrone *(Fritillaria imperialis)* gerecht zu werden, muß man im wahrsten Sinn des Wortes auf die Knie gehen – nur so kann man in ihren schönen Blütenkelch sehen. Und der ist diese Mühe sicher wert. In einem Blumenarrangement ist das einfacher, weshalb Kaiserkronen auch gerne auf Stilleben abgebildet werden (siehe Seite 31). Für eine überreiche Blüte von Zwiebelgewächsen sollte man eine Kombination mit Ritterstern *(Hippeastrum)* wählen, zu dem auch viele Arten der Gattung *Amaryllis* zählen. Die großen Zwiebeln können mit etwas zusätzlicher Wärme im Haus leicht bis zur Knospe vorgetrieben und dann im Topf ins Freie zwischen die anderen Pflanzen gesetzt werden. In Ländern mit mildem, warmem Klima gedeihen sie von Anfang an im Garten.

Hyazinthen - duftende Blütentrauben

Hyazinthen blühen dicht über dem Boden. Die dicken Trauben röhrenförmiger Blüten erinnern mit den Farben Weiß, Blau und Rosenrot zwar an die Niederlande, aber ursprünglich stammen die Pflanzen aus dem Orient. Ihr Duft ist so intensiv, daß sie nicht nur gerne in Beete gesetzt, sondern auch in kleinen Sträußen als Dekoration fürs Zimmer verwendet werden, wo er rasch den ganzen Raum erfüllt. Verständlicherweise wollte man sich bei so wundervollen Blütentrauben nicht mit den Farben Rot, Weiß und Blau begnügen, und so wurden durch Kreuzungen noch andere Farbtöne geschaffen wie das rahmige Gelb von 'City of Haarlem' und das zarte Orange von 'Orange König' und 'Oranje Boven'. Auch Lila- und Purpurtöne wurden gezüchtet – eine Sorte heißt treffend 'Violet Pearl', und die dunkelste nannte man 'Distinction'. Wer satte Töne liebt, dem sei das warme Weinrot von 'Woodstock' oder das dunkle Blau empfohlen, das 'Kronos' aus den Zwiebeln zaubert.

Agapanthus von Mai bis Oktober

Wenn in Regionen mit gemäßigtem Klima die Zwiebelgewächse ihr Bestes geben, um uns aus dem noch kalten Boden die ersten Frühlingsblüten zu bringen, und in den Kübeln die Blätter von *Agapanthus* zögernd zu neuem Leben erwachen, stehen in wärmeren Gegenden die kräftigen Blütenstengel der Schmucklilie bereits ab Mai in stolzer Blüte. Man findet sie in Gärten, Parks, auf hohen Wiesen vor dem Schnitt, aber auch wild wachsend unter dem silbrigen Blätterdach von Olivenbäumen, deren ausladende, knorrige Stämme und Äste dem Anblick einen besonderen Reiz verleihen.

Agapanthus praecox ssp. *praecox* ist die erste blühende Schmucklilie; *Agapanthus praecox* ssp. *minimus* eignet sich mit seinen kurzen Blütenstielen gut für kleine Kübel und Sträuße; *Agapanthus africanus* liefert bis in den August und September Schnittblumen für gemischte Sträuße, und schließlich gibt es noch die Arten *Agapanthus comptonii* und *Agapanthus inapertus*, die zwar erst im September und Oktober blühen, aber dadurch die Saison bis in die Herbstmitte verlängern.

Agapanthus-Arten, die im Freien wachsen – ganz gleich, ob in einem Pflanzgefäß oder direkt im Gartenboden –, werden gerne von Insekten aufgesucht und von ihnen befruchtet, so daß nach der Blüte dicke Köpfe mit hängenden Samenkapseln für einen dekorativen Anblick sorgen.

Von Farnen und Milchsternen

Neben der Kraft, mit der das sich entfaltende Farnblatt im Frühling aus der Erde drängt, wirken fast alle Zwiebelgewächse etwas zierlich – vor allem der Pyrenäen-Milchstern, dessen zahlreiche kleine Blüten über blaugrünen Blättern in endständigen Doldentrauben angeordnet sind.

Ornithogalum pyrenaicum ist der botanische Name dieser Milchstern-Art; sie wird fälschlicherweise auch als »wilder Spargel« angeboten, der jedoch einer anderen Gattung angehört.
Mit ausgefallenen Kräutern, wie Wiesenknopf und Süßdolde, serviert Claude de Beyter in seinem Hotel-Restaurant »Hostellerie Shamrock« in Belgien Milchsterne als Beilage zu Meerbarbe.

Meerbarbe mit Milchsternen

Die Filets der Meerbarbe werden kurz auf beiden Seiten in Olivenöl gebraten. Die Milchsterne brauchen nur ein paar Minuten gekocht zu werden, bis sie bißfest sind.
Aus aromatischem, kaltgepreßtem Olivenöl, Balsamico (dem köstlichen, aromatischen Essig aus dem italienischen Modena), einer Messerspitze Curry, einem Spritzer Sojasoße, feingehacktem Wiesenknopf *(Sanguisorba)* und Süßdolde *(Myrrhis odorata)* bereitet de Beyter eine Vinaigrette zu.
Der Teller wird zum Schluß mit Blüten und Blättern der Süßdolde belegt, die fritiert sehr mild sind.

Aus dem Meer und dem Kräutergarten

Die Architektur des Hauses, in dem Livine und Claude de Beyter das Hotel-Restaurant »Hostellerie Shamrock« mit viel Hingabe ins Leben riefen, erinnert an den Baustil von Edwin Lutyens. Der dazugehörige Garten mit den vielen lauschigen Plätzen, an denen man wunderbar essen oder ausruhen kann, wurde vom Gartenarchitekt Jacques Wirtz zusammen mit den Eigentümern entworfen, für die duftende Blumen, Kräuter und Gemüse eine wichtige Rolle spielen.

Mehrmals täglich sieht man den berühmten Koch de Beyter in seinem Kräuter- und Gemüsegarten, wo er immer wieder aufs neue erntet, um stets Kräuter mit frischem Aroma verarbeiten zu können. Neben den gewöhnlichen Kräutern, wie etwa Kerbel, Estragon, Kümmel, Majoran, Petersilie, Basilikum, Salbei, Engelwurz, und Wein (dessen Blätter verwendet werden), gedeihen dort sogar Süßdolde *(Myrrhis odorata)*, Rosmarin, Thymian, Wiesenknopf, Schwarznessel *(Perilla nankinensis)* mit grünen oder purpurroten Blättern, auch als Shiso bekannt, Zitronenstrauch *(Aloysia triphylla)*, Chinesischer Schnittlauch *(Allium tuberosum)* und Veilchen – natürlich Stiefmütterchen *(Viola tricolor)* und im Frühling viele Duftveilchen *(Viola odorata)*.

Für diese Rezepte verwendet de Beyter vor allem Dill, Thymian und Chinesischen Schnittlauch; beim Lachs-Gericht spielen Zutaten, die auf salzhaltigen Böden wachsen, wie Meersalat *(Ulva lactuca)* und Meerfenchel *(Crithmum maritimum)*, der an etwas wärmeren Küsten gedeiht, eine wichtige Rolle (Samen des Meerfenchels können bestellt werden; siehe Informations- und Adressenteil auf Seite 158).

Junge Taube mit Thymian und Pfifferlingen

Die jungen Tauben fast ganz durchbraten und dann entbeinen. Den Bratensatz mit Geflügelbrühe ablöschen und mit frischem Thymian würzen. Frisches Gemüse der Saison zusammen mit Schalotten zuerst blanchieren und dann, genau wie die Pfifferlinge, kurz unter ständigem Rühren braten. Püree aus grünen Bohnen mit etwas Kartoffelpüree andicken. Das entbeinte Geflügel, das Gemüse und das grüne Püree auf einem Teller anrichten. Ein fritiertes Weinblatt darauflegen und mit dem Bratenfond übergießen.

Räucherlachs mit Zutaten von der Küste

Der geräucherte Lachs wird in breite Streifen geschnitten. Für die Soße verrührt man Crème fraîche mit einem Fond von Schalentieren, etwas Zitrone, Salz und Pfeffer. Die Lachsstreifen werden auf dem Teller mit kleinen Meersalatstücken, fein verteiltem Meerfenchel, grünblättrigem Shiso, gehacktem Grün und Blüten von Chinesischem Schnittlauch und sehr fein gehacktem Dill angerichtet. Rote Pfefferkörner und die Blüten von Stiefmütterchen sorgen zusätzlich für Farbe.

Krebs mit Gemüsekugeln und Minze

Als Unterlage für den Krebs aus Crème fraîche, Zitronensaft, Salz und Pfeffer eine weiße Soße rühren und auf Teller verteilen. Den Krebs nach dem Kochen in einer mit Trüffelsaft angereicherten Vinaigrette marinieren (die Marinade sollte aus einem Drittel Zitrone oder Essig auf zwei Drittel Öl bestehen). Die kleinen, bunten Kugeln werden aus blanchierten Zucchini, Möhren und Gurken und aus einer aromatischen Melone ausgestochen; noch kleiner sind die roten Körner des Peruanischen Pfefferbaumes *(Schinus molle)*. Die duftenden grünen Blätter der Edelminze *(Mentha* x *gentilis* 'Variegata'*)* werden sehr fein geschnitten und zum Schluß reichlich über das Gericht gestreut.

Zitronenstrauch-Eis mit Pfirsich und Rosenblättern

In der Küche von Claude de Beyter werden Blätter von duftenden Rosen häufig überzuckert, denn sie sehen nicht nur gut aus, sie schmecken auch ausgesprochen köstlich. Der Zitronenstrauch, dessen Blätter von allen nach Zitrone duftenden und schmeckenden Kräutern das stärkste Aroma haben, ist immer für die Zubereitung von Eis oder anderen

Köstlichkeiten zur Hand. Damit die Blätter ihr herrliches Aroma an das Eis weitergeben, müssen sie eine Viertelstunde in einer Mischung aus warmer Milch und Sahne ziehen. Anschließend nimmt man sie heraus und gibt die Flüssigkeit in die Eismaschine.

Zum Zitroneneis passen angenehm süße, karamelisierte Pfirsichstücke und ein Coulis (feines Püree) von Himbeeren aus dem eigenen Garten. Als besondere Zugabe kann man kandierte Streifen von Limetten und die blauen Blüten des Gurkenkrauts dazu servieren.

Kräuter in der Hauptrolle

In den Gärten des »Shamrock« warten Beete mit duftendem Gemüse und Kräutern sowie Pergolen und Spaliere mit Kletterpflanzen nur darauf, daß Claude de Beyter sie für seine Kreationen benötigt. Auf diesen Seiten läßt er Küchenkräuter die Hauptrolle spielen. Dazu griff er tief ins Minzebeet, um rosigen Krebs mit duftendem Grün zu bereichern, und für das Dessert pflückte er Zitronenstrauchblätter, Rosen und Himbeeren.

Keukenhof

Eine Fahrt zum Keukenhof mit seinen weiten, blühenden Feldern ist ein wunderbares Erlebnis für Freunde von Zwiebelgewächsen. Der Keukenhof liegt im sogenannten Bollenstreek, einem Landstrich, in dem gewerbliche Blumenzwiebelzucht betrieben wird. Viele Millionen Zwiebeln blühen und gedeihen hier, und Millionen Besucher kommen, um sich anzusehen, wie man Zwiebeln am besten behandelt. Wo einst das Jagdgebiet und die Gemüsegärten des Schlosses Teilingen lagen, in dem Jakobäa von Bayern residierte, wird heute eine Vielzahl von ausgefallenen Zwiebel-Kombinationen kreiert, und es steht jedem Besucher frei, diese nach seinem Gutdünken einmal auszuprobieren.

Tulpen

Floristen blutet das Herz, wenn sie sehen, wie die tiefroten Blüten der Tulpen auf den weiten Feldern mit großen Maschinen abgeschnitten werden – doch diese Ernte gilt nicht der Erzeugung von Schnittblumen. Schneidet man die Blüte rechtzeitig ab, kann die Zwiebel ihre ganze Kraft darauf verwenden, einen größeren Umfang zu erreichen. Das ist wiederum gut für den Zwiebelverkauf und für eine reiche Blüte im nächsten Jahr. Tulpen eignen sich hervorragend für Sträuße, sehen aber auch in Gartenbeeten hübsch aus.

Rechte Seite, von links nach rechts:
Die Papagei-Tulpe 'Holland Happening' zeigt ein tiefes Rot.
'Angelique' blüht spät, hat mehrere Blüten und duftet auch noch!
Tulipa greigii 'Pinocchio' besitzt violettgrüne Blätter und gezeichnete Blüten.
Tulipa greigii 'Turkish Delight' – süß und kräftig wie Türkischer Honig.
Lilienblütige Tulpen beginnen Anfang Mai zu blühen – hier 'Marilyn' in Weiß und Erdbeerrot.
Tulipa batalinii 'Bright Gem' – ein Juwel in Goldgelb mit orangefarbenem Hauch.
Gefüllte Frühe Tulpe 'Picasso' – hübsch in Beeten oder kleinen Gruppen.
Gefüllte Frühe Tulpen – hier 'Peach Blossom' – blühen ab Anfang April.
Rot mit Gelb: *Tulipa schrenkii*, Triumph-Tulpe 'Kees Nelis', 'Fringed Beauty' – früh, gefranst und gefüllt – oder 'Oriental Splendor'.
Orangerote Tulpen mit goldfarbener Zeichnung tragen oft Namen des niederländischen Königshauses wie 'Queen Wilhelmina'.
Die Farbgebung von *Tulipa kaufmanniana* 'Johann Strauß' und 'Hearts Delight' stehen sich nicht viel nach.
Butterblumengelb, gefüllt, mehrere Blüten aus einer Zwiebel und auch noch duftend – das ist 'Monte Carlo'.

Tulipa turkestanica ist eine der am frühesten blühenden Tulpen-Arten. Betrachten Sie die Blüten genau, dann sehen Sie an der Außenseite der glänzenden rahmweißen Blütenblätter einen purpurgrauen Hauch, und im Inneren strahlt ein leuchtendgelbes Auge. Manchmal erscheinen pro Zwiebel sogar bis zu zwölf Blüten!

Tulpen in süßer Harmonie

'Sweet Harmony' heißt diese Tulpe, bei der die Farben Dottergelb und Rahmweiß für eine »süße Harmonie« sorgen. Eine »süße Harmonie« entsteht auch in jedem Raum, der mit einem kleinen oder großen Tulpenstrauß geschmückt wird. Am besten wirkt ein Strauß, der ausschließlich aus Tulpen besteht; ihr eigenwilliger Charakter sorgt immer wieder für einen neuen Anblick – so wird ihnen die Ehre zuteil, die ihnen als Schnittblume gebührt. Auch auf klassischen Blumenstilleben sind oft Tulpen zu sehen – in einem Augenblick großer Schönheit auf die Leinwand »gebannt«. Sie gehören einfach in einen Strauß oder ein Bukett nach klassischem Vorbild, benehmen sich dabei aber, wie es sich für eine lebendige Tulpe geziemt: Selten bleiben sie genau so stehen, wie sie ursprünglich gesteckt wurden. Es ist nun einmal nicht möglich, einer Tulpe die eigenen floristischen Vorstellungen aufzuzwingen – sie sind ausgesprochen eigensinnig, aber wunderschön.

MORT EN FRANCE
NATURE

Tulpen mit Streifen und Fransen

Vor sehr langer Zeit, als Streifen und Sprenkel, gefranste Ränder und andere besondere Formen der Blütenblätter überaus beliebt waren, entstand bereits die reizvolle Tulpen-Sorte 'Zomerschoon'.

Sie ist schön lang und schlank, und die Blütenblätter sind von hellem Weiß mit roten Streifen und Flecken. Bereits seit 1620 werden diese Zwiebeln kultiviert, und sie liefern immer noch gesunde und sehr begehrte Nachzuchten. Auch Papagei-Tulpen und gefüllte Tulpen – und neuerdings auch lilienblütige Exemplare wie 'Marilyn' auf Seite 29 – werden mit zweifarbiger Zeichnung gezüchtet. Die bekannteste Papagei-Tulpe ist 'Estella Rijneveld' in Tiefrot und Weiß; die vermutlich bekannteste gefüllte Tulpe ist 'Carnaval de Nice' mit viel Weiß und violetten Streifen, wie sie auf der Abbildung oben links zu bewundern sind.

Schlanke, aufrechte botanische Arten wie *Tulipa chrysantha* in Goldgelb mit roter Zeichnung auf der Außenseite und die elegante rahmweiße *Tulipa marjolettii* mit ihren tiefroten Streifen am Blütenrand werden manchmal als Sträuße angeboten, öfter aber für die Beetbepflanzung verkauft (die Zwiebeln sind erstaunlich klein).

Papagei-Tulpen gibt es in fast ebenso vielen Farben wie die prächtigen gleichnamigen Vögel: 'Texas Flame' blüht gelb mit einem deutlichen roten Mittelstreifen (siehe Seite 31); Namen wie 'Yellow Parrot', 'Orange Parrot', 'Blue Parrot' (natürlich nicht in reinem Blau, aber in einem schönen Purpurton) und 'Black Parrot' (in tiefem Burgund) sprechen für sich; die Blüte von 'Weber's Parrot' präsentiert die rosa Farbpalette der Papageienwelt: von Perlmuttfarben bis zum Rosa von Zuckerstangen.

Wer in den Monaten März und April in wärmere Gegenden kommt, wird dort von den meist grellen Farben ganzer Felder wildwachsender Gladiolen überrascht. Oft geben die botanischen Namen bereits einen Hinweis auf die südlichen Länder, aus denen diese Gladiolen stammen, wie *Gladiolus italicus*, *Gladiolus illyricus* (aus dem ehemaligen Jugoslawien) und *Gladiolus communis* ssp. *byzantinus*, eine Unterart, die ursprünglich aus der Gegend um Istanbul kommt.

In diesen wärmeren Regionen findet man eine Fülle von kleinen Gladiolen – viele stammen aus dem Gebiet um das Kap der Guten Hoffnung –, und eine beachtliche Anzahl besitzt einen angenehmen Duft. Wie alle Blumen entwickelten sie sich zuerst in der freien Natur. Das gilt auch für die großen Gladiolen, die man später im Jahr in Vasen stellt. Die bevorzugten großblütigen Sorten findet man heute nicht mehr in der Natur, sondern auf den Feldern der Gärtnereien, wo sie für den Verkauf als Schnittblumen oder als Zwiebel gehegt und gepflegt werden.

Kleine Gladiolen sieht man manchmal in schmalen Beeten. Dort, wo sie durch die Wärme der Sonne bereits früh im Jahr draußen blühen, werden sie auch früh auf den Märkten angeboten. Sie bereichern kleine Beete, und ein erfrischender Brunnen in Portugal wird mit Büscheln weißer und purpurroter Gladiolen geschmückt, die wundervoll mit dem in warmen Farben getünchten Mauerwerk und den grün-weißen Kaskaden aus *Wisteria* kontrastieren.

Wildwachsende Gladiolen

Wonnemonat Mai

Im Mai verströmt Flieder sowohl in Gärten als auch in Sträußen ganze Duftwolken. *Syringa vulgaris* ist seine botanische Bezeichnung, aber Dutzende von Hybriden wie

'Blanche Sweet', 'Sensation' und 'Purple Glory' sind alles andere als gewöhnlich, sondern bezaubern durch ihre Schönheit und ihren Duft. Sie fordern uns geradezu auf, eindrucksvolle Sträuße zu binden – entweder nur mit Flieder (hier steht der Duft im Vordergrund) oder in Verbindung mit anderen schönen, im Mai blühenden Pflanzen wie Zierkirsche und Silberblatt, Weißdorn oder Spierstrauch, Roßkastanie oder Schneeball, ganz gleich, ob er vorgetrieben ist oder einfach aus dem Garten stammt.

Vorgetriebene Zweige

Es gibt eine beachtliche Anzahl von Sträuchern, die schon früh im Jahr so wunderbar blühen, daß sie sich ausgezeichnet für einen Frühlingsstrauß eignen – und je eher wir den ersten Frühlingsstrauß zusammenstellen können, desto besser.

Aus diesem Grund haben sich Züchter die Aufgabe gestellt, die Sträucher mit zusätzlicher Wärme und mehr Licht noch früher zum Blühen zu bringen. Unter den sogenannten vorgetriebenen Blütenzweigen finden sich häufig Flieder und Schneeball-Arten *(Viburnum opulus* vor allem*)*, aber auch Kirschzweige sind schon relativ früh bei Blumenhändlern und Gärtnereien zu bekommen. Sehr bekannt sind auch die Bündel mit Mimosen, die aus den Mittelmeerländern eingeflogen werden und deren duftende, gelbe Büschel dank eines speziellen Pulvers erst in der Vase aufgehen. Gelbe Goldglöckchen oder Forsythien *(Forsythia x intermedia)* – hier in freier Natur blühend – werden ebenfalls häufig vorgetrieben und liefern wie die Kerrie (etwa *Kerria japonica* var. *simplex* mit ihren einzelnen, sternförmigen Blüten) elegant überhängende Zweige für Sträuße. Die Blüte wird durch das Vortreiben verlängert, und so sind auch Kombinationen mit Zwiebelgewächsen wie Tulpen und Narzissen möglich.

Magnolien - schön und groß

Magnolia, stark und erhaben in all ihrer Überschwenglichkeit, präsentiert häufig sehr früh im Jahr verblüffend große Blüten. Viele Magnolien haben einen feingliedrigen, aber kräftigen Wuchs, weshalb sie für kleinere Gärten nicht besonders geeignet sind. Die frühblühende und leicht duftende *Magnolia stellata* (Sternmagnolie) bildet eine Ausnahme – sie erreicht niemals Baummaße.

Aufsehenerregend, aber leider nicht duftend, ist die bekannte Kreuzung *Magnolia* x *soulangiana*, die mit vielen Hybriden in Blumenkatalogen zu finden ist: Die Blüten von 'Lennei Alba' sind reinweiß, die von 'Alexandrina' und 'Amabilis' zartrosa wie bei dem großen, hier abgebildeten Exemplar. Magnolien gibt es aber auch in tiefem Weinrot, wie beispielsweise von 'Lennei' und 'Rustica-Rubra', das an die älteren Arten erinnert – an die frühblühende *Magnolia liliiflora* mit kräftigen, spitz zulaufenden, dunkel getönten Blüten (siehe Seite 42) an stämmigen Sträuchern, die jedoch keine Baummaße erreichen, und an *Magnolia denudata*, die aus China stammt und dort häufig in der Nähe von Tempeln zu finden ist.

Wer duftende weiße Blüten möchte, ist mit den schlanken, schneeweißen, einzeln stehenden Blüten der *Magnolia salicifolia* genau so gut beraten wie mit *Magnolia kobus*, deren Blüten nicht ganz so groß sind und von April bis Mai erscheinen, die aber durch ihren eigenwilligen Wuchs bezaubert. In den Monaten Mai und Juni bieten sich auch *Magnolia hypoleuca* und *Magnolia fraseri* mit ihren pergamentfarbenen Blütenkelchen an, die über großen, stattlichen Blättern erscheinen.

Ein besonderer Platz zwischen all diesen Schönheiten gebührt natürlich *Magnolia grandiflora*, die das ganze Jahr über von tiefgrünen, glänzenden, lederartigen Blättern geschmückt wird. In den Sommermonaten Juni, Juli und August entfaltet sie ihre hübschen Blüten, und nach der Blüte bildet sie sogar noch Früchte.

Magnolien - vornehm und früh

Die meisten Magnolien erfreuen uns sehr lange mit ihrer Schönheit: Im Winter bilden die eigenwilligen Verästelungen der älteren Exemplare interessante Silhouetten, und noch während der Frostperiode zeigen die frühblühenden Arten bereits die ersten Knospen. Wie in silbrig glänzenden Samt gehüllt, brechen sie dann im Frühjahr zu einem weißen, rosafarbenen oder weinroten Blütenfest auf. Viele Arten bilden nach der Blüte Früchte, die sich dann als Blickfang zwischen den Blättern zeigen, deren Form und Größe stark variiert. Magnolienzweige bieten sich auch für Sträuße und Gestecke an; die vornehme Eleganz, die sie ihnen verleihen, wird nur von wenigen anderen Frühlingsblühern erreicht.

Wiesenkerbel …

Auf Spaziergängen durch das Land bietet Kerbel, der Wegränder und Fluren wie mit weißen Spitzendecken überzieht, immer wieder einen überraschenden Anblick. Aus der Nähe betrachtet, erfreut er uns mit seinen winzigen, hübschen Blüten; tritt er in großen Mengen auf, begeistern uns die Duftwolken, die er verströmt.
Diese Eigenschaften fordern uns geradezu auf, ihn zu pflücken – und so kommen wir mit Armen voll Kerbel nach Hause, um Schönheit und Duft der Pflanze auch in der Vase zu genießen.

Die schirmartigen weißen Blütendolden des Kerbels sitzen an kräftigen Stengeln, die sich gut zu Sträußen binden lassen. Kurz geschnitten und dicht gesteckt, geben sie auch schweren Blüten wie denen der *Amaryllis* ausreichend Halt. Sogar die hohen Blütenstände des Rhabarbers lassen sich die Stütze durch den Kerbel gerne gefallen, obwohl seine eigenen Blätter auch ihren Beitrag dazu leisten. Für kleine Blumen wie Vergißmeinnicht ist nicht so viel »Rückhalt« nötig, aber das zusätzliche Volumen macht sich auch hier gut.

Sträuße von Rabatten

Um hübsche kleine Sträuße zusammenzustellen, ist ein Garten mit Schnittblumen natürlich ideal, aber auch in Rabatten fällt hier und da ein Blumenstengel für einen Strauß ab.

Busch- und Kletterrosen geizen keineswegs mit ihren Blüten und fügen Sträußen und Gestecken Duft und Farbe hinzu; Klatschmohn hält sich leider nicht ganz so lange, kann aber immer wieder erneuert werden.

Kornblumen sind eindeutig an ihrem Blau zu erkennen: Sorten der einjährigen *Centaurea cyanus* füllen das hohe Glas auf dem Tisch und in verschiedenen Farben auch die Vase auf dem Faß, während die mehrjährige Bergflockenblume *(Centaurea montana)* in dem Metalleimer steht.

Im Frühling bringt uns auch *Mertensia virginica*, das Blauglöckchen, blaue Farbe, und *Dicentra spectabilis* 'Alba' (Tränendes Herz), die schon sehr früh Blätter und Blüten austreibt, fügt Weiß hinzu.

Später steuern dann Glockenblumen (*Campanula* in einer Vielzahl von Sorten), Katzenminze und Storchschnabel ihren Teil bei.

Gelbtöne erhalten wir von der einfachen Butterblume, von dichtgefüllten Trollblumen und sogar von der Akelei, deren altmodisch anmutende, vertraute Blütenform weder in einem Beet oder einer Rabatte noch in einem Bukett fehlen darf.

Dies gilt übrigens auch für die Sterndolde *(Astrantia)*, denn die rosa- oder silberfarbenen Blüten sorgen in einem fröhlichen bunten Strauß für willkommene Ruhepunkte.

Gelbe Pracht

Gelb leuchtet ein blühendes Rapsfeld in der Landschaft, und gelb strahlen die vielen Goldruten in der Gärtnerei, wo sie über die Jahre hinweg ihre hervorragenden Qualitäten als Schnittblumen bewiesen haben. Sie werden vielerorts, auch in wärmeren Ländern oder unter Glas, für den Schnitt angebaut.

Von Goldrute *(Solidago)* gibt es viele Arten und Sorten, doch da sich auch Herbstastern *(Aster)* vorzüglich zum Schneiden eignen, hat man die beiden Pflanzen miteinander gekreuzt, und das Ergebnis heißt offiziell x *Solidaster* (wobei x die Kreuzung signalisiert). Sowohl Raps *(Brassica napus* ssp. *napus)* als auch Goldruten sehen in Sträußen bildhübsch aus – der Raps hält leider nur sehr kurz, die Goldruten dagegen viele Monate lang. Dies trifft auch für die gelben Blütenschirme der Schafgarbe zu (*Achillea*-Arten gibt es übrigens nicht nur in Gelb, sondern auch in anderen Farben). Die Blütenrispen der Königskerze (viele *Verbascum*-Arten und -Sorten blühen in Goldtönen) und die duftenden Blütenstände des hohen, wogenden Steinklees *(Melilotus officinalis)* stehen wie die Nachtkerzen-Arten nur für einen kurzen Zeitraum zur Verfügung. Eine beträchtliche Anzahl *Oenothera*-Arten blüht nicht nur, sie duftet auch angenehm: Das gilt für die tagblühenden Arten genauso wie für jene, die erst gegen zehn Uhr abends ihre Blüten mit einem leisen »Plopp« öffnen. Das lebhafte Gelb und das ruhige und zurückhaltende Blau ergeben eine harmonische Zusammenstellung, wie man an diesen gemischten Sträußen sehr gut sehen kann. Die blauen Blüten können dabei kugelförmig sein, wie bei den Distel-Arten von *Echinops* und *Eryngium*, oder in Rispen stehen wie bei Ehrenpreis *(Veronica)*, Glockenblume *(Campanula)* und Hundszunge *(Cynoglossum)*.

Über (Oster-)Eier

Unzählige Eier treten während der Ostertage ihren Weg von den Hühnerhöfen auf unsere Eßtische an, denn so ein zusätzliches Ei zum Verzehr oder zur Verzierung ist eine leckere und dekorative Ostertradition. Wundervoll ist es, bei schönem Wetter die Tafel für das Osterfrühstück im Freien zu decken. Eier in Körben und Blumenarrangements mit auf Draht aufgezogenen, bunten Kunststoffeiern wirken sehr dekorativ – besonders dann, wenn sie angenehm duften.

Zwei Chefköche haben sich kleine Leckereien ausgedacht: gefüllte Eier, die auch außerhalb der Osterzeit gut ankommen, denn schließlich sind die Rezepte von Claude de Beyter, der hier bereits sein Können unter Beweis gestellt hat, und von Hans den Engelsen, der seiner kulinarischen Phantasie in Harmelen, in Franck Rodenburgs Restaurant »De Kloosterhoeve«, freien Lauf läßt.

Ei gefüllt mit Rührei, Trüffel, Gänseleber und Wachtelbrust

Die rohen Eier vorsichtig köpfen, Eigelb und Eiweiß trennen; für dieses Rezept wird nur das Eigelb verwendet. Pro Person 10 Gramm in kleine Stücke geschnittene Gänseleber, 1 Teelöffel kleingehackte Trüffel und 100 ml Sahne mit dem Eigelb in einer Pfanne verrühren. Mit Salz und Pfeffer würzen und stocken lassen. Wachtelbrust in etwas Butter goldgelb braten und in Scheiben schneiden. Ei mit der Rühreimischung füllen, Wachtelstückchen darauflegen und eine Scheibe rohe Gänseleber (10 Gramm pro Person) zu einer Tüte drehen und hübsch daneben arrangieren; Deckel ebenfalls mit Rührei füllen. Die Teller mit grobem Meersalz und gefriergetrockneten, gemischten Pfefferkörnern dekorieren … und dann davon träumen, daß man diese kleine Leckerei unter den lauschigen alten Bäumen im Hof des Restaurants »De Kloosterhoeve« verzehrt.

Ei mit Krebsfüllung und Gemüsedecke

Wer Eier auf diese Art füllt, wähnt sich in der wunderbaren Umgebung des Hotel-Restaurants »Hostellerie Shamrock« in Belgien und weiß, daß Claude de Beyter die »grünen« Zutaten in seinem eigenen Kräutergarten gepflückt hat.

Hartgekochte Eier vorsichtig köpfen. Eigelb herausnehmen, zerdrücken und mit einer guten Mayonnaise und kleinen Stücken Krebsfleisch mischen. Einen kleinen Löffel feines Tomatenpüree in die Eier geben, darauf die Ei-Krebs-Mischung arrangieren und mit einer Schicht feingehackter schwarzer Oliven und bißfest gedämpfter Zucchini bedecken. Chinesischen Schnittlauch über die gefüllten Eier legen und mit den hübschen eßbaren Schnittlauchblüten garnieren.

Frühlingsdüfte und brillante Farben

Der Frühling – in diesem Buch wird er mit seinen verführerischen Düften und fröhlichen, warmen, intensiven Farben vorgestellt. Hier unterstützen die brillanten Farben der *Rhododendron*-Arten den Wohlgeruch von Hasenglöckchen und Flieder.

Die Tage der offenen Tür auf Schloß Beervelde bei Lochristi in Belgien sind mittlerweile weit über die Landesgrenzen hinaus bekannt und ziehen viele Besucher an.

An Hunderten von Ständen werden hier bei den mehrmals jährlich stattfindenden Gartenausstellungen Pflanzen und andere Gartenprodukte angeboten. Wenn man jedoch die Schönheit dieses Parks, der 1873 von Louis Fuchs entworfen wurde, in Ruhe genießen möchte, sollte man für einen Spaziergang einen anderen Zeitpunkt wählen – zum Beispiel, wenn die Alpenrosen blühen, denn allein schon im »Woodland-garden« wird eine auf dem europäischen Kontinent berühmte Sammlung laubabwerfender Azaleen gehütet. Die geschwungene Brücke auf der Abbildung rechts oben führt zu dieser Sammlung. Die rosablühenden runden Sträucher im Hintergrund sind große Exemplare von *Rhododendron yakushimanum*-Hybriden.
Rechts unten sieht man die eigentlich schönste Form von *Rhododendron luteum* (wie *Azalea pontica* heute heißt). Diese Sträucher verströmen Anfang Mai, wenn sie zu blühen beginnen, den wunderbarsten frisch-süßen Duft, den man sich vorstellen kann. Die unzähligen schön gefärbten Kreuzungen duften leider in der Regel nicht, die vielen spontanen Sämlinge dagegen schon.
Links unten ist ein anderes wichtiges Mitglied der Sammlung abgebildet: Die stattlichen Beete sind mit winterharten und zum größten Teil immergrünen Sorten von *Rhododendron japonicum* gefüllt; eine dicke Mulchlage schützt im Winter vor Kälte und bewahrt die Wurzeln im Sommer vor dem Austrocknen. Die tiefviolett blühende Hybride heißt 'Mercator', die zartrosa Blüten gehören zu 'Imperator'; beide sind belgische Züchtungen. Der Strauß links oben zeigt die Fülle der Beervelder Alpenrosen – eine eindrucksvolle Demonstration der Vielseitigkeit an Formen und Farben, in denen sich diese Gattung der Familie *Ericaceae* präsentiert.

Alpenrosen auf Beervelde

Alpenrosen - an vielen Plätzen

Es ist eigentlich nicht verwunderlich, daß Alpenrosen an vielen Orten zu finden sind; schließlich sind diese Sträucher, von denen einige baumartigen Wuchs entwickeln, mit ihrer üppigen, farbenfrohen Blüte im Frühling, ihrem meist immergrünen Laub und ihrer Vorliebe für schattige Plätze durch all diese – guten – Eigenschaften zu einem wichtigen Bestandteil von Parks und Gärten geworden.

Wer in England einmal die Gärten von Leonardslee besucht hat, ist vermutlich wie verzaubert durch den Rhododendrongarten spaziert, entlang an Reihen duftender Hybriden, die ihre runden Blütenköpfe auf hohen Kronen tragen. Sir Edward Loder hat hier bereits im Jahr 1860 damit begonnen, duftende Kreuzungen zu züchten. Die nach ihm benannten Loderi-Varietäten sind jedoch leider nicht winterhart.
Auch die baumartige Alpenrosen-Art *Rhododendron arboreum*, die in südlichen Ländern zu Hause ist und dort üppig blüht, gilt in unseren Breiten nur als bedingt winterhart. Hier steht sie in rosaroter Fülle hinter einer schönen, von Flechten überzogenen steinernen Balustrade und in dem eleganten Park, der zur Kirche Bom Jesus im portugiesischen Braga gehört. Rhododendronbäume dienen dort als farbenfrohes Umfeld der kunstvoll formierten Kamelien, die durch den Schnitt natürlich nicht mehr so üppig wie sonst blühen.
Daß es zum Beispiel auch in den Niederlanden viele schöne Plätze für Alpenrosen gibt, beweist dieser beeindruckende Strauß (rechts) in verschiedenen Rot- und Rosatönen, der im Amstelpark in Amsterdam-Buitenveldert zusammengestellt wurde. Die Sträucher dort sind ungefähr gleich groß und breit, weil man schon 1967 (also fünf Jahre vor der Floriade 1972) mit ihrer Pflanzung begonnen hat. Das »Rhododendron-Tal« im Amstelpark war in diesen Jahren mit verantwortlich für die große Begeisterung für die verschiedenen Arten und Sorten von *Rhododendron*, die auch die Niederländer erfaßte.
Der kleinere Strauß in den Farben Weiß, Weinrot und Dunkelviolett wurde im Garten des Hotel-Restaurants »Hostellerie Shamrock« in Belgien zusammengestellt. (Mehr über die Umgebung des »Shamrock« und die ausgezeichnete Küche des leidenschaftlichen Koches Claude de Beyter erfahren Sie auf den Seiten 20 bis 25 sowie Seite 55.)

Alpenrosen in vielen Arten

Von links nach rechts: *Rhododendron* 'Goldkrone' in hellem Gelb über tiefgrünen, rundlichen Blättern.
Eine *Rhododendron*-Reihe an einem schattigen Platz kann im Frühling in vielen Farben blühen.
Rhododendron luteum 'Gibraltar', eine zartorangefarbene, laubabwerfende Azalee.
Rhododendron 'Palestrina' leuchtet schneeweiß in einer Baumgruppe.
»Pfauenblaue« Alpenrosen gibt es zwar noch nicht, aber es gibt 'Blue Tit' – die allerdings farblich und vor allem in der Größe eher an eine Blaumeise erinnert.
'Schneekoppe' – natürlich in Weiß – und 'Susan' in sehr zartem Rosaviolett bilden einen feinen Kontrast.
Bei *Rhododendron* sind besondere Farben keine Ausnahme – hier die Sorte 'Ehrengold'.
'Bow Bells' heißt diese *Rhododendron*-Sorte passend; die glockenförmigen Blüten sind hellrosa.

Eine große Anzahl von Arten und Sorten ermöglicht die farbenfrohe und manchmal sogar duftende Pflanzung einer Rhododendronecke oder eines ganzen Rhododendrongartens. Die Wuchshöhe variiert von baumartigen Sorten bis zur kleinen Kübelpflanze, und die Blüten sind in vielen Farben erhältlich, von Weiß über alle Rosaschattierungen bis hin zu Rot und Purpur und sogar Zartgelb und Orange.

Von links nach rechts: *Rhododendron* 'Viscy' ist auch ohne Sonnenschein eine wahre Schönheit.
Jede Alpenrosenblüte verdient es, aus der Nähe bewundert zu werden. Dies gilt besonders für die in einem kräftigen, aber frischen Rosa getönte Sorte 'Germania'.
Rhododendron 'Diamant' ist wegen der intensiven und leuchtenden Farbe sehr beliebt.
In der zarten Farbe von Zitroneneis präsentiert sich die Art *Rhododendron lutescens*, die übrigens auch »eisig« früh blüht.
'Golden Flare' heißt diese in warmem Goldgelb getönte Hybride von *Rhododendron luteum*.
Weiße Blütenteppiche legt *Rhododendron* 'Tibet' über den dunklen Untergrund.
Rubinrot, das dennoch selbst im Schatten aufleuchtet – so intensiv ist die Farbe von *Rhododendron* 'Wilgen's Ruby'.
Die zartrosa blühende Sorte 'Love Song' steht in dieser Gruppe im Vordergrund.

Veilchen nicht vergessen

Der fröhliche Anblick von Veilchen sollte eigentlich nirgendwo fehlen – weder im Garten, auf dem Balkon oder der Terrasse noch in Sträußen und auch nicht im Gemüse- oder Kräutergarten, wo alles gepflückt wird, was auf den Teller soll. Allen voran stehen hier das Stiefmütterchen *(Viola tricolor)* und das Duftveilchen *(Viola odorata)*, weil sie einem Gericht Farbe und letzteres auch Aroma verleihen. Aber auch andere Veilchen-Arten können in der Küche verwendet werden und sollten deshalb nicht in Vergessenheit geraten. Veilchen

haben übrigens die Eigenschaft, sich selbst in Erinnerung zu bringen, denn wo immer man sie auf einem für sie günstigen Boden anpflanzt, säen sie sich selbst aus, erscheinen dann als Wildwuchs wieder und lugen verschmitzt zwischen den Gräsern hervor.
Veilchen lassen sich auch gut als Topfpflanzen ziehen und in einer Blumenstellage zu einem hohen Arrangement aufbauen.

Der Duft von Rosen und Päonien

Menschen mit einer guten Nase für Blumendüfte werden allein schon beim Anblick dieser Blüten ihren Duft in der Nase zu verspüren glauben – vor allem, wenn es so viele auf einmal sind wie bei der Pfingstrosen-Sorte 'Monsieur Jules Elie' (bereits 1888 von Crousse gezüchtet), die hier von alten Rosen eingerahmt wird. (Die weißen, rosa überhauchten Pompons gehören zu *Rosa* 'Petite Françoise', und die halbgefüllten weißen Büschel blühen an *Rosa* 'White Cécile Brunner', die 1909 von Fanque in Frankreich eingeführt wurde.) Es ist, als zöge man den Stöpsel aus einer Flasche guten Parfüms.

Pfingstrosen aus China

Die Pfingstrose (Päonie) mit ihren schlanken Stengeln weiß uns mit üppiger Schönheit und oft auch Duft zu bezaubern. Ein Fest für den Garten – und natürlich für Floristen, die wissen, daß der Genuß zwar leider nur kurz, aber dafür sehr intensiv ist.

Bauern-Pfingstrosen« werden sie in der Umgangssprache genannt, weil *Paeonia officinalis* früher in keinem Bauerngarten fehlte. Ganz sich selbst überlassen, blühte sie dort von Jahr zu Jahr kräftiger und prunkvoller. Auch in früheren Heilkräutergärten fand man die Pfingstrose oft. Da dem Pulver aus ihren Wurzeln große Heilkraft zugeschrieben wurde, verwendete man sie bei der Zubereitung von Arzneien; außerdem galt sie als »göttliche« Pflanze, die angeblich böse Geister und Alpträume vertreiben konnte.

Für diese herrliche Schnittblume wäre der Name »Chinesische Pfingstrose« eigentlich besser geeignet, denn alle Varietäten in Schneeweiß, Rosatönen oder Tiefrot sind Hybriden von *Paeonia lactiflora*, die ursprünglich aus China stammt und bereits seit über zweitausend Jahren kultiviert wird.

Eine Verwechslung mit den Strauchpäonien *(Paeonia suffruticosa)*, von denen es sehr viele schöne, großblütige Varietäten gibt, und den Japanischen Pfingstrosen, die in höheren Lagen wachsen, ist unwahrscheinlich.

Die wahren Pfingstrosenliebhaber werden auf die Dauer sicher auch andere Arten wie beispielsweise *Paeonia tenuifolia* ziehen wollen; die Sorte 'Rosea' besitzt einfache große Blüten über fein gefiedertem Laub. Auch *Paeonia mlokosewitschii* mit ihren einfachen butterblumengelben Blüten gehört zu diesen Liebhaberexemplaren, zu denen natürlich auch *Paeonia obovata* var. *alba*, *Paeonia wittmanniana* und *Paeonia emodi* mit ihren einzelnen weißen Blüten zählen. Wie bei *Paeonia emodi* sind auch bei *Paeonia veitchii* stark gefiederte Blätter zu bewundern, über denen zwei bis drei nickende purpurrosa Blüten pro Blütenstengel stehen.

Beinahe alle Pfingstrosen-Arten (vor allem die Japanischen) bilden nach der Blüte wunderhübsche Samenkapseln, wodurch die Pfingstrose noch für lange Zeit sehr dekorativ wirkt. Das gilt nur ganz selten für die dichtgefüllten Blüten der Hybriden, da befruchtende Insekten in der Fülle der Blütenblätter die Staubgefäße nicht finden können. Die Samen von kultivierten Pflanzen auszusäen ist eine interessante Sache, aber man darf nicht identische Blüten erwarten, denn Insekten kümmern sich nicht um Sortenreinheit. Sie fliegen fröhlich von 'Jan van Leeuwen' zu 'Countess of Altamont' und verursachen so vielleicht eine aufregende neue Kreuzung.

Manche Pfingstrosenliebhaber beschränken sich auf Lactiflora-Hybriden wie Frans Welle in Tuil im Betuwe, wo alle für diese Sträuße benötigten Blumen geschnitten wurden – unter anderem die bereits erwähnte weiße einfachblühende 'Jan van Leeuwen' mit ihren dicken gelben Staubgefäßen und die weitverbreitete 'Sarah Bernhardt', die mit ihren großen, gefüllten hellrosa Blüten gerne als Schnittblume verkauft wird.

Weiß und von wunderbarer Form ist 'Immaculée', eine halbgefüllte, anemonenblütige Sorte. Bei der sehr angenehm duftenden 'Duchesse de Nemours' erheben sich dichtgefüllte Blütenbüschel über dem äußeren Kronblattkranz. 'Festiva Maxima' blüht weiß mit kleinen roten Streifen; die angenehm duftende Sorte wurde bereits 1851 von Miellez gezüchtet (siehe auch Seite 73).

'Inspecteur Lavergne' erfreut uns mit halbgefüllten, tiefroten Blüten. Dunklere Rosatöne finden sich bei 'Alexander Fleming', die in einem tiefen Purpurrosa blüht; die Blüten von 'Kansas' zeigen eine Tendenz zu Weinrot, und bei der Sorte 'Karl Rosenfeld' präsentieren die Blüten ein tiefes, purpurfarben überhauchtes Rosarot.

Pfingstrosen mit gutem »Parfüm«

Ein Strauß aus Pfingstrosen ist bis zum allerletzten Moment, wenn die Blütenblätter beinahe schon abfallen, atemberaubend schön. Er hat eine Art altmodischen Charme, der auch einen »altmodischen« Duft erwarten läßt. Um diese Erwartungen nicht zu enttäuschen, hier eine kleine Zusammenfassung duftender Sorten, die auch heute noch relativ leicht erhältlich sind.

Einen herrlichen Duft haben:

'Blush Queen' (von Hoogendoorn 1949 gezüchtet), gefüllt, weiß mit einem perlrosa Hauch, der sich am Grund zu zartem Goldgelb verändert.

'Duchesse de Nemours' – eine gefüllte Edelpäonie in makellosem Weiß.

'Edulis Superba', manchmal auch als 'Edulis Supreme' geführt, wurde bereits 1824 von Lemon gezüchtet. Die Farbe der gefüllten Blüten ist das klassische Altrosa; zum Blütenblattrand hin zeigt sich eine leicht silbrige Nuance.

'Kelway's Glorious' – 1909 von Kelway gezüchtet – besitzt halbgefüllte Blüten in Rahmweiß, die an manchen Stellen mit einem zarten Rosa überhaucht sind.

'Madame Calot', die auch als 'Roem van Boskoop' geführt wird, wurde bereits 1856 von Miellez vorgestellt. Die halbgefüllten Blüten zeigen in der Mitte ein Rosa, wie man es von Zuckerstangen her kennt, und verblassen nach außen hin zum hellen Perlmuttrosa der äußeren Kronblätter.
'Magic Orb' – von Kelway gezüchtet – ist eine sehr interessante anemonenblütige Form, die an die 1949 von Hoogendoorn vorgestellte 'Bowl of Beauty' erinnert, aber leider nicht duftet. Beide haben einen Kranz aus kirschrosa Kronblättern und im Zentrum elfenbeinfarbene, verwachsene Staubgefäße mit orangefarbenem Grund.
'Monsieur Jules Elie' (Crousse, 1888) bedarf keiner Beschreibung, denn sie ist sowohl auf Seite 68/69, am Anfang dieses Pfingstrosenkapitels, abgebildet als auch hier, wo die Blüte ungefähr ihren endgültigen Farbton erreicht hat – eine traumhafte, anemonenblütige Form!
'Mrs. Franklin D. Roosevelt' wurde 1933 von Franklin auf den Markt gebracht. Diese Sorte besitzt eine wundervolle rosenförmige Blüte in Perlmuttrosa, das zur Mitte hin zu einem sanften Rahmweiß ausläuft.
'Pecher' – die Herkunft dieser Sorte ist nicht bekannt, aber sie ist es auf jeden Fall wert, gezogen zu werden: Die dichtgefüllte Blüte ist als Knospe zartrosa, verblaßt aber bis zum Verblühen zu reinem Weiß. Im Zentrum sind kleine rote Flecke zu sehen.
'President Wilson' wurde von Thurlow 1918 gezüchtet. Die äußeren Kronblätter sind von zartem, hellem Rosa, die kleinen inneren Blütenblätter rahmweiß.
'Shirley Temple' – im Jahr 1950 von Smirnow vorgestellt – in sanftem Babyrosa, das beim Verblühen zu Weiß verblaßt, ist von der Größe her durchaus erwachsen: Sie erreicht immerhin 20 Zentimeter Durchmesser.

Einen angenehmen Duft haben:
'Alice Harding' (Lemoine, 1929), halbgefüllt und rahmweiß mit einem rosa Hauch.
'Countess of Altamont' (Kelway) mit nur zwei Reihen Kronblättern in hellem Pink.
'Felix Crousse' wurde 1881 von Crousse gezüchtet und wird manchmal auch als 'Victor Hugo' bezeichnet. Sie besitzt halbgefüllte Blüten in einem dunklen Karminrot.
'Festiva Maxima' – siehe Seite 70.
'Pink Delight' – dieser perlmuttfarbene Traum wurde von Kelway gezüchtet und zeigt zwei »Muschelreihen« um die Staubgefäße.

Einen leichten Duft verströmen:
'Adolphe Rousseau' (Dessert & Mechin, 1890) in tiefem Weinrot.
'Alexander Fleming' – siehe Seite 70.
'Lady Alexandra Duff' (Kelway, 1902) in sehr schönem Zartrosa mit einzelnen Reihen gefranster zartrosa Kronblätter, wodurch der goldgelbe Blütengrund gut sichtbar wird.
'Sarah Bernhardt' – vermutlich die meistverkaufte Schnittblume; siehe Seite 70.

Rispen auf dem Feld

Pflanzen, die ihre Blüten an stolzen aufrechten Rispen präsentieren, wiegen sich auf Feldern und Wiesen rhythmisch in ihrer ganzen Pracht.
Junge Schmetterlingssträucher blühen in allen nur erdenklichen Farbtönen auf einem halben Hektar Versuchsfelder der Züchter – Farbgenuß für Menschenaugen und Nektardüfte für viele Schmetterlinge.
In sonnigeren Ländern kann man auch die Ähren der *Echium*-Arten genießen – hier die hohen, blauen des *Echium fastuosum*, von der warmen Sonne beschienen. Die weiten Felder mit Hafer, Gerste und Weizen, aber auch Luzernen *(Medicago sativa)*, als Viehfutter angepflanzt und stark von Bienen beflogen, die den Nektar für Luzernenhonig sammeln, versprechen eine üppige Ernte und bieten uns große Farbflächen in Gold- und warmen Brauntönen: Pinselstriche, mit denen das Land die Jahreszeiten präsentiert.
Daß selbst die Farbe Rosa für kräftige, leuchtende Rispen sorgen kann, sieht man an diesen Astilben. Sie sind hervorragende Bodendecker für feuchte Standorte, wo sie im Hochsommer bunte Flächen bilden.

Rispen in Sträußen

Aus der Fülle an Blüten, Düften und grünem Laub im Garten von Brigitte Gentis in Nijkerk lassen sich leicht Sträuße zusammenstellen: auffallend ist die große Rolle, die Rispen dabei spielen.

Luftig und rahmig weiß wogen die Blüten der *Rodgersia*: robust und bodenständig wirken daneben die lachsrosa Lupinen, und mit blauvioletten, aufrechten Blütenähren erfüllt *Salvia nemorosa* 'May Night' ihre dekorative Aufgabe. Selbst die schlanken Zweigspitzen der üppig blühenden *Cornus kousa* wirken wie Rispen. Das Lachsrosa der Lupinen wird aufgenommen von den rosa- und orangefarbenen Nuancen der Azaleenzweige, von Schlafmohn *(Papaver somniferum)*, der Rosen-Sorte 'Compassion' und vom flammenden Leuchten der Inkalilie *(Alstroemeria)* 'Orange King'. Für mehr Blau setzen wir die Schere an bei *Campanula lactiflora* 'Prichard's Variety' und bei den festen Blütenstengeln von *Geranium* x *magnificum*. Als Hintergrund dient kräftiges Grün: Vor allem Rhabarber *(Rheum)*, *Ligularia*, *Rodgersia* und *Inula magnifica* sorgen vielerorts für interessante Blattkontraste.

Außer den Dünen gibt es noch zwei kleine Dünenseen, an dessen Ufern Vögel ihrem friedlichen Tagesablauf nachgehen und die Menschen daran Anteil haben lassen.
Diese natürliche Umgebung mit all ihrer Schönheit und Lucas Rives Kochkunst passen erstaunlich gut zusammen, denn seine Gerichte sind eine Synthese aus einfachen, bodenständigen Nahrungsmitteln (wie zum Beispiel Puffbohnen und Gartenerbsen) und interessanten Geschmacksakzenten, die er seiner Inspiration folgend setzt. So serviert er etwa eine Taube auf einem Bett aus Puffbohnen und Pfifferlingen sowie Kartoffeln mit zwei verschiedenen Holunderaromen (von Blüten und Beeren). Zum Kalbfleisch wählt Lucas Rive frische Gartenerbsen und Kartoffeln, die mit Mark gefüllt werden; Rosmarin, Senf und Ahornsirup steuern ebenso wie die Blüten der Kapuzinerkresse ihre besonderen Geschmacksnoten bei.

Kalbsschwanzstück mit Kalbsnieren, Gartenerbsen, Markkartoffeln und Kapuzinerkressenblüten

(Für 4 Personen)

500 g Kalbsschwanzstück
160 g Kalbsnieren
400 g gepalte frische Gartenerbsen
75 g Knochenmark in Würfeln
20 g Frühstücksspeck in Würfeln
4 mittelgroße Kartoffeln
Olivenöl
Meersalz und Pfeffer
3 feingehackte Schalotten
gehackte frische Kräuter
4 gepreßte Knoblauchzehen
Rosmarin
500 ml Kalbsbouillon
2 El entsäuerter Senf (Senf langsam mit etwas Öl erwärmen; dadurch verringert sich sein Säuregehalt)
1 Schuß Ahornsirup
50 g kalte Butter in Flöckchen
200 ml Rotwein
Kapuzinerkressenblüten

Holunderbäume und Dünenseen

Holunder inspirierte hier zu einem Strauß in zarten Tönen und einem Gericht mit würzigem Aroma.

Brigitte Gentis schnitt einen kräftigen Zweig von einem rosablühenden Holunder, dessen Blätter sich purpurn färben, während seine Früchte immer noch schwarz sind, weshalb er auch *Sambucus nigra* heißt; diese Sorte trägt den Namen 'Guincho Purple'. Der zartrosa Ton wird vom Türkenmohn *(Papaver orientale)* 'Mrs. Perry' aufgenommen, und weißblühende Zweige der Hartriegel-Art *Cornus kousa* sowie grünlichweiße, halbkugelige Blüten der Engelwurz *(Angelica archangelica)* umrahmen das Arrangement. Einen ganz besonderen Akzent setzt ein Wolfsmilchzweig *(Euphorbia griffithii* 'Fireglow').
Holunder inspirierte auch Lucas Rive, Chefkoch im »Restaurant de Bokkedoorns«, das am Zeeweg bei Overveen (Niederlande) so unerwartet und herrlich ruhig in den Dünen verborgen liegt. Bei schönem Wetter kann man auf den Terrassen ausruhen oder speisen und dabei nicht nur die raffiniert gewürzten Köstlichkeiten auf dem Teller genießen, sondern sich auch an der herrlichen Aussicht erfreuen:

Das Kalbsschwanzstück in etwas Olivenöl ringsum anbraten und dann für 40 Minuten in einen auf 120 °C vorgeheizten Backofen schieben.
Die Kartoffeln schälen, die runden Kappen oben und unten abschneiden und mit einem Apfelausstecher aushöhlen, so daß die Kartoffeln eine Art »Markkanal« bekommen. Dann in etwas Olivenöl braten, bis sie von allen Seiten eine schöne, gleichmäßige Farbe haben. Etwas Schalotte und Knoblauch hinzufügen,

mit Kalbsbouillon ablöschen, bis die Kartoffelkanäle gerade bedeckt sind. Rosmarin hinzugeben und garen lassen.
Speckwürfel auslassen, feingehackte Schalotte, gepreßten Knoblauch und die Markwürfel dazugeben. Vorsichtig erwärmen, abschmecken und die Kartoffeln damit füllen.
Die frischen Gartenerbsen blanchieren, abtropfen lassen und in etwas Butter erwärmen. Danach abschmecken und je nach Bedarf noch etwas Frühstücksspeck dazugeben.
Die gesäuberten Nieren kleinschneiden, salzen, pfeffern und in etwas Butter rasch braten. Die Nieren herausnehmen, die Hälfte der Butter abgießen und den Bratensatz mit Rotwein und Kalbsbouillon ablöschen; aufkochen und eindicken lassen. Mit Senf und Ahornsirup abschmecken und mit den kalten Butterflöckchen montieren (aufschlagen).
Kalbsschwanzstück in dünne Scheiben schneiden und mit Nierchen, Markkartoffeln, Gartenerbsen und einem Löffel Soße anrichten. Wer ein besonders würziges Kräuteraroma schätzt, gibt noch Kapuzinerkressenblüten dazu – am besten die gelben, da sie am mildesten sind.

D'Anjoutaube mit Pfifferlingen und zwei Holunderaromen

(Für 4 Personen)

4 d'Anjoutauben
200 g Pfifferlinge
200 g Opperdoeser Kartoffeln
200 g doppeltgepalte Puffbohnen
(Junge Gartenbohnen werden erst aus der Schote gepalt, dann einige Minuten blanchiert, in Eiswasser abgekühlt und anschließend aus ihrer zweiten Hülle gepalt, indem man auf die jetzt locker sitzende Hülle drückt: Die Puffbohnen gleiten dann ganz leicht heraus.)
gehackte Schalotte
1 kleine gepreßte Knoblauchzehe
gehackte frische Kräuter
Salz und Pfeffer
Olivenöl

Für die Soße:
400 ml Geflügelbouillon
50 ml Holunderbeergenever
20 g kalte Butter in Flöckchen
15 g Holunderbeeren
Salz und Pfeffer

Fortsetzung Seite 80

Tauben mit Salz und Pfeffer einreiben und in etwas Olivenöl von allen Seiten schön gleichmäßig braten. Anschließend für 15 bis 20 Minuten in den auf 140 °C vorgewärmten Backofen schieben.
Die geputzten Pilze mit Schalotte und Knoblauch in etwas Olivenöl schmoren. Die vorher gekochten Kartoffeln dazugeben und langsam heiß werden lassen. Die doppeltgepalten Gartenbohnen kommen ganz zum Schluß ein paar Minuten dazu. Dann wird die Mischung mit gehackten Kräutern, Salz und Pfeffer abgeschmeckt. Für die Soße Geflügelbouillon mit Holunderbeergenever aufkochen, montieren, indem man die kalten Butterflöckchen unterrührt, und erst zum Schluß die Holunderbeeren dazugeben. Eventuell mit Salz und Pfeffer abschmecken.
Tauben aus der Kasserolle nehmen, auf dem duftenden Gemüsebett arrangieren. Soße angießen und mit fritierten Holunderblüten garnieren.

Mit den großen Blüten von Artischocken und den kleinen von Thymian verziert Lucas Rive den Heilbutt in folgendem Rezept. Farben kennzeichnen auch seinen Krebssalat, in dem die Köstlichkeiten des Meeres durch rote Tomaten, grüne Blattsalate und blaue Boretschblüten nicht nur eine farbliche Ergänzung bekommen.

Heilbutt mit in Rotwein geschmorten Artischockenböden, Champignons und Thymianblüten

(Für 4 Personen)

4 Heilbuttfilets à 150 g
4 gekochte Artischockenböden
500 ml Rotwein
2 Knoblauchzehen
200 g Brunoise von blanchierten Champignons
400 ml Sherry (Pedro Jimenez)
2 feingehackte Schalotten
Olivenöl
10 g Thymian, von den Zweigen gestreift
300 ml Beurre blanc (weiße Buttersoße)
120 g Brunoise von sehr fein geschnittener Zitronenschale
Salz und Pfeffer

Rotwein mit etwas Schalotte, Abfallstückchen der Champignons, einer Knoblauchzehe und etwas Thymian bis auf ein Viertel der ursprünglichen Menge einkochen. Die gekochten Artischockenböden hineingeben und an einem nicht zu warmen Ort ziehen lassen. Sherry mit etwas Thymian kochen, bis die Mischung eine sirupartige Konsistenz hat, und dann durch ein Sieb streichen.

Die Champignon-Brunoise mit etwas gehackter Schalotte, gepreßtem Knoblauch, Thymian, Salz und Pfeffer erwärmen.
Die Heilbuttfilets salzen und mit sehr wenig Olivenöl in einer beschichteten Pfanne schön gleichmäßig anbräunen. Im vorgewärmten Backofen bei 160 bis 180 °C nachgaren lassen.
Wenn der Fisch beinahe gar ist, die Beurre blanc erhitzen. Die Artischockenböden in Streifen schneiden und warm mit dem Heilbutt und den Champignonstücken auf die Teller verteilen. Beurre blanc dazugeben, ein paar Tropfen des Sherrysirups darüberträufeln und anschließend mit etwas Brunoise aus Zitronenschale und den Thymianblüten garnieren.

Krebssalat mit Jakobsmuscheln, Gänseleber und Tomaten-Confit

Pro Person:
½ Krebs, gekocht und ausgehöhlt
4 Jakobsmuscheln
4 dünne Scheiben Gänseleber
ca. 15 g Sommertrüffel, in Scheiben oder gehackt

Dazu für 4 Personen:
3 Sorten Salat: Kopfsalat, Feldsalat und Endiviensalat
20 Scheiben Tomaten-Confit (im Ofen getrocknete Tomaten)
160 g Gurken-Brunoise (ohne Schale und Kerne)
Meersalz und Pfeffer
Dressing (siehe unten)

Tomaten im Backofen trocknen:
Man verwendet hierfür genau wie in Italien und anderen südlichen Ländern ovale Tomaten, die auch Eiertomaten genannt werden, zum Beispiel vom Typ Roma oder Napoli.
Tomaten häuten, längs halbieren und die Kerne herausnehmen. Mit der runden Seite nach oben auf ein mit Backpapier belegtes Blech legen, mit etwas Olivenöl beträufeln, mit Salz und Thymian bestreuen und für 4 bis 5 Stunden in den auf 65 bis 70 °C vorgeheizten Ofen schieben. Auf diese Weise trocknen sie fast genauso gut wie in südlicher Sonne – und können ohne Öl aufbewahrt werden. Es ist also kein Luxus, etwas mehr zuzubereiten, als für dieses Rezept gebraucht wird. Und so ein selbstgemachtes Confit schmeckt köstlich.

Dressing:
30 g Gurke, geschält und entkernt
5 g Sommertrüffel
¼ Apfel ('Elstar'), geschält und ohne Kerngehäuse
10 g Trüffelsaft
50 ml Champagneressig
300 ml kaltgepreßtes Olivenöl
Salz und Pfeffer
1 El Crème fraîche

Alle Zutaten, außer der Crème fraîche, in der Küchenmaschine oder dem Mixer pürieren. Durch ein Sieb streichen und anschließend Crème fraîche unterziehen. Mit Salz und Pfeffer kräftig abschmecken.

Die Muscheln in einem auf 160 °C vorgeheizten Ofen garen.
Das Krebsfleisch ebenfalls im Backofen oder in einem Dampftopf erwärmen, da der Salat *tiède* (lauwarm) serviert wird. Die Gänseleberscheiben werden durch die anderen Zutaten ausreichend erwärmt. Auch das Dressing wird zimmerwarm über die Teller gegossen, auf denen all die obenerwähnten Köstlichkeiten in fröhlich-bunter Pracht arrangiert werden. Die Boretschblüten erst ganz zum Schluß darübergeben, denn wenn sie mit Säure in Berührung kommen, verlieren sie schnell ihre blaue Farbe (das frische Gurkenaroma bleibt jedoch erhalten).

Von Pfahlrohr und Binsenginster

Hoch, geradezu »haushoch«, und bildschön bläulichgrün wogen die Halme des Pfahlrohrs *(Arundo donax)*, das im September noch mit glänzend bronzefarbenen Halmen zu blühen beginnt. Es benötigt nicht viel Feuchtigkeit, sondern eher Wärme, wächst hier und da wild, wird aber auch angebaut – vor allem auf der Iberischen Halbinsel, wo die trockenen goldfarbenen Stengel häufig noch zur traditionellen Innendachabdeckung verwendet werden und dann an Bambus erinnern.

Auch Binsenginster *(Spartium junceum)* blüht reichlich und setzt gelbe Akzente in dem Land, das voll süßer Verheißungen ist. Bienen finden leicht ihren Weg zu den duftenden Blüten und verwandeln den gesammelten Nektar in goldgelben Honig, der sehr würzig ist und als zusätzliche Überraschung ein zartes Maulbeeraroma besitzt.

Nicht jeder Landwirt ist über die roten Sprenkel begeistert, mit denen der Klatschmohn sein Land durchzieht oder säumt. Aber die Pflanze, die nach eigenem Belieben (und nach der Beschaffenheit des Bodens) kommt und geht, gehört nun einmal zum ländlichen Bild. Schließlich trägt auch Ceres, die altitalische Göttin des Ackerbaus, eine rote Krone aus Klatschmohn auf dem Haupt. Die meisten Menschen erfreuen sich einfach nur an seinem Anblick oder nehmen die roten Blüten mit nach Hause, um sie für kurze Zeit in der Vase zu genießen.

Rote Krone für Ceres

Mohn in voller Pracht

Die Gattung *Papaver* umfaßt viele Arten wie zum Beispiel Klatschmohn, Schlafmohn und Islandmohn. Sie alle tragen an aufrechten Stengeln dieselben prächtigen Blüten, die durch ihre schlichte Schönheit beeindrucken.

Islandmohn *(Papaver nudicaule)* und gewöhnlicher Klatschmohn *(Papaver rhoeas)*.

Vom gewöhnlichen roten Klatschmohn *(Papaver rhoeas)* gibt es zahlreiche Sorten in zarten, beinahe perlmuttfarbenen Tönen (eine Züchtung heißt treffend 'Mother of Pearl').

Blüht der Mohn gelb oder orange, manchmal auch weiß, dann handelt es sich eindeutig um Islandmohn *(Papaver nudicaule)*. Besonders großblütig und sogar mit aprikosenfarbenen Varianten blüht die Sorte 'Oregon Rainbow'. Sie sollte im Spätsommer gesät werden, denn sie blüht als Zweijährige am schönsten.

Wesentlich größer sind die Blüten des Schlafmohns *(Papaver somniferum)*, dessen runde Samenkapseln sich mit den schwarzen Samenkörnern füllen, die als Mohnsamen für Brot und Brötchen und leckeres Gebäck verwendet werden. (Die Schlafwirkung entsteht durch das Opium, das bei manchen Arten und in wärmeren Klimazonen von der Außenseite der Kapsel gewonnen wird.) Die Blüten zeigen sich überwiegend in Lila-, Rosa- und Purpurtönen mit dunklen Flecken an der Basis der Kronblätter, aber auch in kräftigem Rot und sehr dicht gefüllt.

Auch der Türkenmohn *(Papaver orientale)* besitzt große, gefleckte Blüten. Man kann die beiden Arten aber leicht auseinanderhalten, denn die Blätter des Schlafmohns sind silbrig-blaugrün, leicht gelappt und seidenweich, während der Türkenmohn rauh behaarte Stengel und Blätter hat. Die kräftigen grünen Blätter sind breit gezähnt oder eingeschnitten. Keine der Mohn-Arten hält sich lange in der Vase, aber sie sind so wunderschön, daß man sie doch immer wieder einmal abschneidet, um sie für kurze Zeit genießen zu können. Am besten schneidet man sie, wenn sich die Knospen gerade öffnen.

Inspiration von Feld und Flur

Pflanzenkombinationen, die spontan auf Feld und Flur entstehen, können eine vielfältige Inspirationsquelle für die Gartengestaltung oder die Zusammenstellung von Sträußen sein.

Mit weißen und gelben Tupfen gesprenkelte blaue Felder – hier Natternkopf *(Echium)* mit seinen behaarten Stengeln und Blättern – regen die Phantasie an oder verleiten zum Pflücken von Sträußen wie dieses Arrangement, bei dem die kräftigen Zweige des Natternkopfes durch das Gelbgrün der Wolfsmilch ergänzt werden.

Daß diese Kombinationen im Garten keineswegs ländlich wirken müssen, beweisen zwei wundervolle, sehr formenstrenge Gärten: der bei Clivedon Manor in Windsor, England, wo ein großes, mit *Buxus* gebildetes Parterre mit weißen und blauen Pflanzen gefüllt wurde, und der des eleganten Hotels »Sete Ais« in Sintra, Portugal, der mit atemberaubenden Pflanzungen angelegt ist. Hier wurde das grüne Linienspiel durch Füllungen in Gelb und Weiß ergänzt.

Korbblütler in der Natur und in Sträußen

Wenn im April und Mai Böschungen und Hügel in Portugal wegen der rasch aufeinander folgenden Blüte vieler wildwachsender Blumen häufig die Farbe wechseln, blüht es auch einige Wochen gelb: Dann geben verschiedene Korbblütler ihrem ungezügelten Drang, zu wachsen und zu blühen, nach.

Groß, stolz und strahlend hell zeigt sich *Chrysanthemum coronarium* in Gelb und Weiß. Es wird vom Vieh büschelweise gefressen und von Touristen und Neuankömmlingen büschelweise gepflückt. Teppiche von warmem Gelb breitet *Chrysanthemum segetum* aus; seine Blüten sind etwas kleiner, aber so zahlreich, daß der Größenunterschied kaum auffällt. Korbblütler mit metallischblauem Auge werden dagegen eher in Kultur gezogen. Meistens wählt man *Arctotis grandis* (Bärenohr) mit ihren langen Stielen. Sie eignet sich gut für Sträuße, weil die Blüten über dem silbrigwolligen Blatt so wundervoll aussehen. Ursprünglich stammt sie aus der Gegend um das Kap der Guten Hoffnung, genau wie das Kapkörbchen, dessen königlicher Anblick in vielen Parks und Beeten zu bewundern ist. (Die orangefarbene Art des Kapkörbchens heißt immer noch *Dimorphotheca sinuata*, aber die andere, die weiß, gelb und blaßblau blüht, wird mittlerweile als *Osteospermum pluvialis* geführt.) Sie alle sind richtige Regenanzeiger, denn wenn Regen »in der Luft liegt«, bleiben ihre Blüten geschlossen. Scheint dagegen die Sonne, recken sie ihre Blüten mit den metallischblauen Mitten dem Himmel entgegen. (Das tun sie auch in unseren Breiten, aber hier kommen sie leider nur als Einjährige und seltener vor.)

Dolden am Wegesrand

Der natürliche Drang, sich zu vermehren, zwingt viele Pflanzenschönheiten in raschem Wechsel zur Blüte, Welke und Samenbildung, bevor es für sie zu trocken und zu warm wird.

In südlichen Ländern keimen die Pflanzen nach den Herbst- und Winterregen und blühen schon im Februar, März und April – deshalb muß die Saat ausgereift sein, wenn es warm und meistens auch sehr trocken wird.

Viele Doldenblütler folgen diesem Schema, wie zum Beispiel die Purgierdolde *(Thapsia villosa)*, die breite Dolden mit kleinen gelben Blüten produziert, gefolgt von beinahe durchsichtigen, flachen und runden Samen. Aber auch die seltene *Cachrys trifida*, eine Verwandte der Schaftdolde, zeigt ihre dekorativen Künste, die nach der Blüte beinahe noch beeindruckender sind als während dieser Zeit: Sie bildet über Blättern, die fein wie Spitze sind, runde, vollständige Samenkapseln um jeden einzelnen Samen; sie wirken, als seien sie aus Styropor, und sind einige Zentimeter groß. Zuerst sind sie grün mit einem rosa Hauch, verfärben sich aber während des Reifeprozesses zu Beige, der Farbe, die die ganze Pflanze schließlich annimmt. Sie ist lange haltbar und eignet sich hervorragend für Trockensträuße.

Der aus dem Mittelmeerraum stammende Riesenfenchel *(Ferula communis)* sollte nicht vergessen werden. Seine Stengel erreichen eine Höhe von bis zu zwei Metern und tragen schwer an den vielen runden, gelben Blütendolden; das Laub ist fein eingeschnitten. Aus Zentralasien wurde *Ferula kuhistanica* eingeführt. Diese Steckenkraut-Art liebt kalkhaltige Böden und ist robuster. Sie hat tiefgrüne, kräftige Rosetten, hübsch eingeschnittene Blätter und viele runde, gelbe Blütendolden. Aus all diesen schönen Blütendolden läßt sich rasch ein Strauß zusammenstellen, der einen festlichen und zugleich sonnigen Eindruck macht.

Unzählige Bücher und sogar Oden sind der Rose gewidmet – voller Poesie beschreiben sie die vielen Formen, Farben und vor allem die Düfte der Rosen. Auch in diesem Buch werden der Rose in all ihren Erscheinungsformen einige Seiten gewidmet. Der Zauber von Rosen in Sträußen und Buketts ist unübertroffen, üppig und langandauernd, denn ein kräftig blühender Rosenstrauch oder eine Kletterrose bietet immer ein paar Zweige, an denen man sich aus nächster Nähe erfreuen kann.

Brigitte Gentis schnitt hier einige Zweige von ihren rosablühenden Rosen-Sorten 'Constance Spry' und 'Compassion', holte sich etwas Gelb bei 'Maigold' und die zarte Aprikosenfarbe von 'Sweet Juliet' – einer von Austin gezüchteten Rose mit deutlich erkennbarem Auge. Dazu wählte sie als natürlichen Kontrast eine himmelblaue Tischdecke und Vase.

Die bunten, duftenden Pyramiden stehen in dem mit Rosen reich bestückten Garten, den der Gartenarchitekt Jacques Wirtz für das Schloß De Grote Mot in Belgien, in dem der Antiquitätenhändler Robert Noortman wohnt, entworfen hat.

Rosen ...

Neben der Rose gibt es keine andere Pflanze, für die so viele Gärten gestaltet werden – ein Rosarium fehlt zumindest in kaum einem der großen, angelegten Gärten. Und selbst in kleinen Gärten findet sich immer noch irgendwo ein Beet, ein Torbogen oder eine Pergola, die für einen Rosenstrauch reserviert sind. Manchmal bekommen Rosen auch einen Platz in einer Rabatte, wo sie als Hochstamm gezogen werden oder an einer Pyramide emporklettern.

Das Arrangement auf der rechten Seite besteht ausschließlich aus Rosen in zarten Farben, die hervorragend zum Stil der alten Gläser passen.

Die Blüten verströmen einen herrlichen süßen Duft.

Dieser separate Platz – der in dem großen Garten des Schlosses Hex bei Heers in Belgien fotografiert wurde – ist für *Rosa gallica* 'Versicolor' reserviert, die häufig auch als *Rosa* 'Mundi' bezeichnet wird. Ursprünglich war sie nach der Mätresse von Henry II., Fair Rosamund, benannt worden. Sie ist eine schon seit 1581 bekannte Kulturform der Apothekerrose *Rosa gallica* var. *officinalis*, auf die sie manchmal zurückschlägt; dann bildet sie Blüten ohne Streifen, wie man auf Seite 105 sehen kann.

Über einem Tor blüht die duftende weiße *Rosa banksiae* var. *banksiae* (auch 'Alba Plena' genannt), 1807 von William Kerr aus Kanton eingeführt. Die ebenfalls duftende 'François Juranville' (links) wurde 1906 von Barbier gezüchtet.

Rosen-Wände

Der traumhafte Rosengarten, an dem man sich auf Schloß Hex bei Heers in Belgien erfreuen kann, wurde bereits im 18. Jahrhundert angelegt. Die Sammlung dort umfaßt hunderte Arten und Varietäten alter und botanischer Rosen – zum Teil sind es noch die Originalsträucher, die beim Anlegen des Gartens gepflanzt wurden. Kein Wunder, daß sich rankende und kletternde Rosen über Mauern und Hecken ausgebreitet haben. Vor diesem farbenfrohen und duftenden Hintergrund ist ein dort geschnittener und gesteckter Strauß ein Höhepunkt an Rosengenuß.
An zwei Wochenenden im Juni steht der Garten allen Interessierten offen, und im September kann man den Garten noch einmal besuchen – dann jedoch, um die Vielseitigkeit von rankenden Kürbissen zu bestaunen. (Die genauen Termine erfahren Sie auf Seite 159.)

Rechts: *Rosa* 'Venusta Pendula' wurde zweimal gezüchtet. Sie ist eine Sorte der alten Schlingrose *Rosa arvensis*, die von Kordes in Deutschland wiederentdeckt und 1928 erneut vorgestellt wurde. Sie blüht den ganzen Sommer über, duftet aber leider nicht.

Über dem steinernen Wasserbecken klettert die Miniatur-Chinarose 'Pompon de Paris'. Sie stammt aus dem Jahr 1839 und benötigt einen warmen Standort.

Das Weiß und Rosa um die graziöse Figurengruppe stammt von der Rosen-Sorte 'Excelsa'. Sie wurde von Walsh in den Vereinigten Staaten gezüchtet und 1909 dort vorgestellt. Pehr Osbeck aus Schweden war der erste, der eine Chinarose aus Kanton mitbrachte – 'Old Blush' im Jahre 1752. Ihre Blüten sind kräftig rosa, sie blüht sehr lange und duftet nach Wicken.

Einfach oder dichtgefüllt

Welche Rosen sind die schönsten? Die einfachen Arten mit flachen, offenen Blüten – oder die dichtgefüllten, deren Blütenblätter manchmal sogar als Vierfach-Rosette angeordnet sind …

Rosa 'Nevada' ist ein schönes Beispiel für flache Rosenblüten. Bei der Hauptblüte im Frühsommer sind die hängenden Zweige des Strauches mit weißen Blüten überladen. Die rosafarbene Variante heißt 'Marguerite Hilling'.

Rosa 'Francis E. Lester' ist eine Kletterrose mit großen Büscheln duftender, ungefüllter Blüten. Sie kam 1946 aus den Vereinigten Staaten nach Europa.

Rosa 'Ballerina' und 'Rosy Cushion' sind niedrige Beetrosen, die gut als Bodendecker gepflanzt werden können.

Rosa 'Jeanny Soupert' wurde 1912 in Luxemburg von Soupert und Notting gezüchtet. Sie sieht zwar sehr hübsch aus, duftet aber leider nur schwach.

Rosa 'Mme Isaac Pereire' stammt aus der zweiten Hälfte des 19. Jahrhunderts. Sie wurde 1881 von Garçon in Frankreich gezüchtet und duftet sehr angenehm.

Rosa 'Schneewittchen' oder 'Fée de Neiges' oder 'Iceberg' erhielt in vielen Ländern wegen ihrer großen Popularität einen eigenen Namen. Sie blüht lange und üppig, die Knospen sind babyrosa, die Blüten reinweiß. Leider duftet sie kaum oder nur ganz schwach. 'Schneewittchen' stammt aus der Zucht von Kordes in Klein Offenseth bei Hamburg (1958).

Rosa 'Golden Wings' (oben) breitet ihre Schmetterlingsflügel weit aus, um ihre Mitte zu zeigen.

Rosa 'Mrs. Oakley Fisher' hat eine kräftige Farbtönung. Es gibt diese Blütenform auch als Kletterrose; diese Variante heißt 'Mermaid'. Das gefüllte reine Gelb stammt von der Sorte 'Graham Thomas', eine von Austins Züchtungen. Eine kräftige Rose mit gutem Duft.

Rosa 'Bouquet Parfait' wurde 1989 von dem berühmten belgischen Züchter Louis Lens vorgestellt. Die Blüten sind wunderschön: Vierfach-Rosetten mit kleinem Auge.

Rosa 'Charles Austin' ist eine der frühen Züchtungen von David Austin – später kamen so berühmte Mutanten dazu wie 'Claire Rose', die intensiv duftet und während der Blüte ein ganze Palette von Farbnuancen durchläuft.

Rosa 'Mme Caroline Testout' ist eine sehr frühe Teehybride (Edelrose) aus Frankreich. Sie wurde von Pernet-Ducher gezüchtet und bereits im Jahr 1890 vorgestellt. Wegen ihrer schönen Blütenform und ihres guten Duftes ist sie noch immer beliebt und wird auch gerne für Kreuzungen verwendet, unter anderem von Austin. Wenn sie eine Stütze bekommt, kann sie bis zu sechs Metern hoch werden.

Rosa gallica var. *officinalis*, die Apothekerrose, wurde schon im 13. Jahrhundert nach dem siebten Kreuzzug von Thibault de Chansonnier aus Damaskus nach Frankreich gebracht. Später wurde sie auch in vielen Heilkräutergärten angepflanzt, weil eine aus ihr hergestellte Marmelade Heilkräfte zu haben schien. Auch wenn dies heute nicht mehr angenommen wird, so ist sie es trotzdem wert, gepflanzt zu werden, denn diese Varietät der Essigrose bringt Duft in den Garten.

Rosa gallica var. *officinalis*

Rosa 'Mme Isaac Pereire'

Rosa 'Mme Caroline Testout'

Rosa 'Ballerina'

Rosa 'Nevada'

Rosa 'Jeanny Soupert'

Rosa 'Bouquet Parfait'

Rosa 'Francis E. Lester'

Rosa 'Schneewittchen'

Rosa 'Charles Austin'

Rosengenuß

An Rosen kann man sich auf vielerlei Art erfreuen. Man kann unter mit Rosen berankten Bögen, Pergolen oder Pyramiden sitzen oder spazierengehen und den Reichtum ihrer Farben und Düfte genießen, der sowohl aufregend als auch beruhigend sein kann.

Weil wir uns aber nicht nur tagsüber und im Freien an den Rosen erfreuen wollen, schneiden wir sie ab und binden sie zu Sträußen, um das Haus damit zu schmücken. Wir schneiden Rosen aber auch, um ihre Anmut und ihren Duft, und damit auch Geschmack, an Gerichte weiterzugeben – Rosengenuß pur.
Meisterkoch Christian Denis empfängt mit seiner Frau Denise und seinen Töchtern viele Gäste im Schloßhof »Clos St. Denis« in Kortessem, Belgien, wo er sie an seinem überragenden kulinarischen Talent teilhaben läßt. Auch Denis schätzt die Rose als Küchenzutat: In seinen Rezepten verwendet er überzuckerte Rosenblätter. Wer seine Kunst ausgiebig genießen möchte, sollte einen Besuch in seinem Restaurant planen (siehe Seite 158) oder das eine oder andere Rezept aus seinem exquisiten Kochbuch »Genieten van Geur en Smaak« ausprobieren (eine Ausgabe in deutscher Sprache ist in Vorbereitung).

Schokoladeneis mit überzuckerten Rosenblättern

(Für 4 Personen)

Für das Eis:
250 ml Wasser
250 ml Milch
200 g bittere Schokolade
175 g feiner Zucker
25 g Kakaopulver

Für die Schokoladenkörbchen:
Spritzbeutel aus Papier mit Schokolade
4 Förmchen
stabile Plastikfolie

Für die Blätterteigstäbchen:
500 g Mehl
75 g Butter
20 g Salz
250 ml Wasser
50 g Kakaopulver
500 g Butter

Für das Eis Wasser und Milch zusammen aufkochen und dann abkühlen lassen. Schokolade, Zucker und Kakaopulver hineinrühren und die Mischung unter ständigem Rühren bis zum Siedepunkt erhitzen. Abkühlen lassen, durch ein feines Spitzsieb gießen und in die Eismaschine geben.

Für die Schokoladenkörbchen auf eine stabile Lage Plastikfolie eine Raute spritzen und in die gewünschten Förmchen legen. Eine halbe Stunde im Kühlschrank fest werden lassen; anschließend die Form von der Folie lösen.
Die Blütenblätter nur von Duftrosen pflücken; Rosen ohne Duft setzen auch geschmacklich kein Aroma frei. Die Blätter eventuell waschen und trocken tupfen, mit verquirltem Eiweiß bestreichen und von allen Seiten mit besonders feinem Kristallzucker bestreuen. Dann bei 60 °C im Backofen trocknen lassen; dabei die Ofentür einen Spalt offenstehen lassen, damit die Feuchtigkeit entweichen kann.
Für die Blätterteigstäbchen Mehl, 75 Gramm Butter, Salz und Wasser in einer Rührschüssel mischen. Danach etwa 8 Stunden ruhen lassen. Den Teig ausrollen, Kakao und 500 Gramm Butter auf eine Teighälfte legen, die andere darüberklappen und die Ränder fest andrücken. Arbeitsfläche mit Mehl bestreuen und den Teig zu einem Rechteck ausrollen. Dieses zusammenfalten und eine Stunde im Kühlschrank ruhen lassen. Den Vorgang (ausrollen und ruhen lassen) noch zweimal wiederholen.

Anschließend den Teig 2 mm dick ausrollen, zu Stäbchen schneiden und 15 Minuten im gut warmen Backofen backen.
Die Schokoladenkörbchen mit dem Eis füllen (gekühlten Spritzbeutel benutzen) und das Eis mit den Blätterteigstäbchen und den Rosenblättern garnieren.

Links: Rosen verbreiten den meisten Duft, wenn ihre Blütenblätter abfallen – so bilden einzeln verstreute Rosenblätter eine hübsche Tischdekoration.

Weiß und Grün

Dieses Rezept von Christian Denis, der im belgischen Kortessem mit den Früchten von Feld und Meer so viele herrliche Köstlichkeiten kreiert, ist erfrischend wie ein duftender Rosenstrauch. Weiß und grün ist der Spargel, der hier als Beilage für ganz besondere Spießchen dient, weiß sind auch die dicken Röhrennudeln, und grün und gelb sind die Confits aus Gemüse, die er aus dem Ofen zaubert. Weiß auf grünem Laub präsentiert auch die intensiv duftende Rose 'Bobby James': Großzügig verbreitet sie ihr »Parfüm« und ihre üppigen Blüten – sogar über einen alten Kirschbaum.

Spiesse mit Rinderfiletpäckchen auf Spargelbett

(Für 4 Personen)
ca. 600 g Chateaubriand am Stück
1 Trüffel von ca. 35 g
200 g Gänseleber
8 dicke weiße Spargelstangen
8 grüne Spargelstangen
Meersalz
Pfeffermischung aus der Mühle
Trüffelöl
Schnittlauch und Kerbel
400 ml Geflügelbrühe
50 g kalte Butter in Flöckchen

Das Chateaubriand beziehungsweise Rinderfilet 2 Stunden in den Gefrierschrank legen, damit es sich leichter in dünne Scheiben schneiden läßt.
Weißen Spargel schälen, am grünen die weißen Enden abschneiden und beide Sorten in Stücke von 5 cm Länge und 3 mm Durchmesser schneiden. In ein feuchtes Tuch wickeln und im Kühlschrank aufbewahren.
Gänseleber in 16 gleich große Stücke schneiden und mit Salz und der Pfeffermischung würzen (die Pfeffermischung kann man kaufen: 5 verschiedene Sorten Pfefferkörner, fertig gemischt für die Mühle). Die Stücke leicht bemehlen, in einer beschichteten Pfanne kurz braten und auf Küchenpapier abtropfen lassen. Auf jedes Stück Gänseleber eine dünne Trüffelscheibe legen; den Rest der Trüffel zu Julienne verarbeiten.
Das Fleisch aus dem Gefrierschrank nehmen und mit der elektrischen Schneidemaschine in 16 gleich große Scheiben schneiden. Mit Meersalz und der Pfeffermischung würzen. In die Mitte jeder Scheibe ein Stück Gänseleber mit Trüffel geben und das Ganze zu einem Päckchen falten. Im Kühlschrank aufbewahren.
Die Geflügelbrühe auf zwei Drittel einkochen lassen, mit einigen Tropfen Trüffelöl aromatisieren und mit Butterflöckchen binden. Anschließend die Trüffeljulienne hinzufügen.

Etwas Olivenöl in einer Pfanne erwärmen und die Spargelstücke darin unter ständigem Rühren nur kurz braten, denn sie sollen noch knusprig und knackig bleiben; mit Salz, Pfeffer und einigen Tropfen Trüffelöl würzen.

Die Fleischpäckchen auf einen Rost legen und unter dem Grill kurz von allen Seiten braten. Je vier Fleischpäckchen aufspießen, den Spieß auf einen Teller legen. Spargel und etwas Soße dazugeben. Mit gehacktem Schnittlauch und Kerbel garnieren.

Seebarsch auf einem Bett aus Kräutertomaten

(Für 4 Personen)

Seebarsch säubern und Filets herausschneiden, aber die Haut nicht entfernen – die Filets sollen pro Person 200 bis 250 g wiegen
6 große Tomaten
1 Tl gehackter Dill
1 El gewürfelter weißer Fenchel
Olivenöl
1 Schuß Balsamico
250 ml Brühe von Schalentieren
50 g kalte Butter in Flöckchen
gehacktes Basilikum
Salz und Pfeffer aus der Mühle
4 Basilikumblätter
4 Sellerieblätter
4 Dillzweige
4 Süßdoldenblätter

Für den Ausbackteig:
3 Eier
70 g Mehl
70 ml Bier
1 Schuß Olivenöl
Salz und Pfeffer

Die Seebarschfilets mit Salz und Pfeffer einreiben und im Kühlschrank aufbewahren. Die Tomaten enthäuten, Kerne entfernen und das Fruchtfleisch in kleine Stücke schneiden. In eine Rührschüssel geben und mit Salz und Pfeffer, Olivenöl und Balsamico (der beste, aromatischste stammt aus Modena), gehacktem Dill und Fenchel würzen; mit einem Holzlöffel umrühren. Im Kühlschrank aufbewahren. Zutaten für den Ausbackteig miteinander mischen und zwei Stunden im Kühlschrank ruhen lassen.
Für die Soße die Brühe auf die Hälfte einkochen lassen. Nach und nach Butterflöckchen unterziehen und dadurch binden. Mit gehacktem Basilikum würzen und mit Salz und Pfeffer aus der Mühle abschmecken.
Die ganzen Kräuter (Basilikum, Sellerie, Dill und Süßdolde) waschen und trocken tupfen.
Einen Eßlöffel Olivenöl in einem Topf erwärmen. Die Seebarschfilets darin braten: erst 4 Minuten auf der Hautseite, dann noch 2 Minuten auf der anderen Seite. Auf Küchenpapier abtropfen lassen.
Die Kräuter durch den Ausbackteig ziehen und in der Friteuse bei 200 °C fritieren. Auf Küchenpapier abtropfen lassen.
Tomatenmischung erwärmen, daraus auf vorgewärmten Tellern ein Bett anrichten und den Fisch darauflegen. Einen Löffel Soße dazugeben und die fritierten Kräuter rings um den Fisch legen.

Dicke Röhrennudeln mit Gemüse-Confit und Jakobsmuscheln

(Für 4 Personen)

12 Jakobsmuscheln, ohne Schale und gründlich gespült
32 dicke Röhrennudeln
250 ml Hühnerbrühe
200 ml Sahne
1 El schwarzes Olivenpüree
12 schwarze Oliven
4 dünne, längs geschnittene Auberginenscheiben
4 lange oder 12 runde Zucchinischeiben
4 große Blätter frischer Spinat
4 Zucchiniblüten
4 Kerbelzweige
4 Dillzweige
Schnittlauch
Olivenöl
Salz und Pfeffer

Die gewaschenen und getrockneten Spinatblätter auf ein Backblech legen, mit Olivenöl bepinseln und im vorgeheizten Ofen bei 50 °C 15 Minuten erhitzen.
Die Zucchiniblüten aufschneiden, flach auf das Backblech legen, mit Olivenöl bepinseln und für 20 Minuten in den Ofen schieben.
Den Vorgang mit den Zucchini- und Auberginenscheiben wiederholen; das Gemüse jedoch 25 bis 30 Minuten im Ofen lassen.
Die Oliven entkernen, vierteln und mit dem Olivenpüree und der Hühnerbrühe zum Kochen bringen. Mit Salz und Pfeffer würzen und auf die Hälfte einkochen lassen. Sahne dazugeben, auf die gewünschte Konsistenz eindicken lassen und eventuell mit Salz und Pfeffer nachwürzen.
Die Nudeln in sprudelndem Salzwasser *al dente* kochen.
Die Muscheln mit Salz und Pfeffer einreiben, mit Olivenöl bepinseln und von beiden Seiten grillen.
Röhrennudeln in der Sahnesoße erwärmen, die Muscheln darauflegen und mit den verschiedenen Gemüse-Confits und den Kräuterzweigen garnieren.

Blätterteigtörtchen mit frischem Thunfisch, Tomaten-Confit und fritiertem Lauch

(Für 4 Personen)

4 hauchdünne Blätterteigscheiben von 12 cm Durchmesser
8 große Tomaten
Schalotte und Knoblauch, feingehackt
Salz und Pfeffer
Olivenöl
200 g frischer Thunfisch
1 El Olivenpüree
1 Stange Lauch
4 Stengel Schnittlauch
Basilikum
Stiefmütterchenblüten

Christian Denis bereitet das Tomaten-Confit folgendermaßen zu:
Die Tomaten enthäuten, vierteln, die Kerne entfernen und mit der Außenseite nach oben auf ein mit Alufolie ausgekleidetes Backblech legen. Feingehackte Schalotten und Knoblauch darüberstreuen, mit Salz und Pfeffer würzen und mit Olivenöl beträufeln. In einem auf 100 °C vorgewärmten Backofen zwei Stunden garen.
Den Thunfisch am Abend zuvor in den Tiefkühler oder ins Gefrierfach legen.
Die Blätterteigscheiben auf ein Backblech legen, mit einer Gabel mehrmals einstechen und mit Backpapier abdecken; den Teig beschweren. Das Blech in den auf 220 °C vorgeheizten Backofen schieben und in der Nähe des Ofens bleiben. Teig herausnehmen, wenn er schön goldgelb gebacken ist.
Den Lauch zu Julienne schneiden und in der Friteuse bei 180 °C fritieren. Herausnehmen und auf Küchenpapier abtropfen lassen. Mit Salz bestreuen.
Die Blätterteigscheiben mit Olivenpüree bestreichen und mit einem Stern aus Tomaten belegen. Einige Minuten im Ofen erwärmen.
Den durch die Kälte festen Thunfisch mit einer elektrischen Schneidemaschine in sehr dünne Streifen schneiden und auf die Törtchen verteilen. Erneut einige Minuten im Ofen erwärmen.
Die Törtchen auf vorgewärmten Tellern anrichten. Mit Lauch, gehacktem Schnittlauch, Basilikum und Stiefmütterchenblüten bestreuen und servieren.

Clematis auch für den Norden

Wie schön, daß es so viele verschiedene *Clematis*-Arten und -Sorten gibt, die mit Anmut und Grazie jede nur erdenkliche Stütze nutzen, die wir ihnen anbieten, um dort vom Frühling bis zum Herbst – in südlichen Ländern sogar bis in den Winter – Ranken mit einer Fülle von herrlichen Blüten auszubreiten.

Selbstverständlich bieten uns *Clematis* auch sehr gutes Material für elegante Sträuße: Die kleinblütigen bilden dabei den zierlichen äußeren Rahmen eines Arrangements, während die großblütigen Sorten in der Mitte einen Blickfang darstellen. (Großblütige Sorten mit einfachen weißen Blüten sind zum Beispiel 'Madame le Coultre' mit goldgelben Staubgefäßen, 'Henryi' mit bronzefarbenem Auge und die schon seit langem bekannte 'Miss Bateman' mit roten Staubbeuteln und rosa überhauchten Blütenblättern.) Es gibt wohl kaum einen Platz, an dem Waldreben nicht wachsen und gedeihen – selbst in nördlichen Regionen und in Wäldern und Hainen findet man sie; ein gutes Beispiel ist *Clematis vitalba*, die dort ursprünglich zu Hause ist. Auch die weißblühende *Clematis montana* oder *Clematis montana* var. *rubens* mit ihren Sorten 'Pink Perfection', 'Elizabeth' und 'Tetrarose' benötigen nur wenig Sonne, um duftende Blüten hervorzubringen. Auf den folgenden Abbildungen winden sie sich durch Glyzinen und bekommen so etwas mehr Sonne ab, was ihnen keineswegs schadet. Für schattige Lagen eignen sich außerdem: *Clematis* x *vedrariensis*, deren Rosa dunkler ist als das der rosablühenden Sorten von *Clematis montana*, *Clematis chrysocoma* mit perlmuttfarbenen Blüten und ihre Unterart *Clematis chrysocoma* var. *sericea*, die von Juli bis September in makellosem Weiß blüht; beide sind jedoch in unseren Breiten nicht winterhart. Für sonnige Ost- oder Westseiten eignen sich frühblühende *Clematis alpina* mit Varietäten in Tiefrosa, Weiß und Blau sowie *Clematis macropetala* mit blauen oder rosafarbenen Blüten. Etwas später erstrahlt das frische Gelb von *Clematis orientalis* und *Clematis tangutica*.

Auch bei den großblütigen Sorten, die meistens einen hellen Standort bevorzugen, gibt es einige rosafarbene, die mit weniger Sonne gut gedeihen: zum Beispiel 'John Warren' und 'Hagley Hybrid'; die weitverbreitete 'Nelly Moser' profitiert ebenfalls von einem halbschattigen Standort, da bei zu intensiver Sonneneinwirkung ihre rosafarbenen Streifen leider verblassen.

Man kann sich an reinen *Clematis*-Pflanzungen erfreuen oder nur einige Arten mit anderen Pflanzen kombinieren, um die Blütezeit zu verlängern. Früh- und spätblühende Waldreben eignen sich beispielsweise hervorragend zum Kombinieren mit Rosen, und im Herbst kann man sich dann zusätzlich an den seidenglänzenden »Strubbelköpfen« der *Clematis*-Samenstände erfreuen.

Kaskaden aus Blüten

Unter den Kletterpflanzen nehmen die blau, weiß und rosa blühenden Glyzinen eine besonders wichtige Stellung ein. Es handelt sich dabei um *Wisteria*-Arten, die schnell wachsen, üppig blühen und von denen viele wunderbar duften – und das alles auch noch sehr früh im Jahr.

Die Sorten der Chinesischen Glyzine *(Wisteria sinensis)* blühen von April bis Ende Mai mit einer Vielzahl von Blütentrauben. Die Reichblütige Glyzine *(Wisteria floribunda)* verlängert die Blüte in jeder Beziehung: Sie fängt zwar erst im Mai an, blüht dann aber mindestens bis Ende Juni ununterbrochen. Zuerst öffnen sich die Blüten, die unter den Ranken hängen, später dann die an der Spitze. Außerdem sind ihre Blütentrauben länger als die der anderen Arten; manche erreichen bis zu 70 Zentimeter Länge. Vor allem die weißblühende *Wisteria floribunda* 'Longissima Alba' kann Kaskaden von Blüten an Dächern, Mauern und Bäumen entstehen lassen. Leider duftet *Wisteria floribunda* nicht so schön wie die chinesische Verwandte.

Wer *Wisteria*-Arten zu Farbspielen benutzen möchte, dem stehen für blaue Pflanzungen *Wisteria sinensis* und *Wisteria floribunda* 'Macrobotrys' zur Verfügung; rosa Blüten tragen *Wisteria sinensis* 'Rosea' und *Wisteria floribunda* 'Rosea' – beide Varietäten haben denselben Namen und duften sehr angenehm. Für weiße Kombinationen eignen sich *Wisteria sinensis* 'Alba' und *Wisteria floribunda* 'Longissima Alba' mit besonders langen Blütentrauben, aber nur schwachem Duft, oder *Wisteria floribunda* 'Kuchi Beni', deren zartrosa Knospen sich zu weißen, duftenden Blüten öffnen.
Blaue Glyzinen bilden in Kombination mit anderen Kletter- und Schlingpflanzen besonders reizvolle Blütenkontraste, wie hier mit einer ebenfalls frühblühenden *Clematis*.

Duftende Kletterpflanzen

Duftende weiße und blaue Glyzinen *(Wisteria)* ergeben zusammen mit den gelben Blüten von Goldregen *(Laburnum)* eine wunderschöne und sogar ein wenig dramatisch wirkende Kombination.

Freundlich und auflockernd wirken in einem Strauß auch duftende Geißblattranken. Sie verstärken den Duft von Rosen und Pfingstrosen, und in Baumkronen sorgen die sich waagerecht ausbreitenden Blütenbüschel für hübschen Schmuck und Duft. Die meisten Arten vertragen Halbschatten. Viel Sonne, aber kaum zusätzliche Wassergaben verlangt *Rosa banksiae* 'Lutea', die man abseits der anderen Rosen ziehen sollte. Wo sich dieses besonders sonnige Plätzchen in einem Garten findet, kann die butterblumengelbe Rose mit den gefüllten Blütenbüscheln ungehemmt ihrem ausgeprägten Wachstumsdrang nachgeben. Wenn sie einmal Wurzeln geschlagen hat, braucht sie kaum Pflege. Sie überwuchert Bäume, Mauern und Gebäude mit ihren farbenfreudigen, duftenden Ranken.

Kletterer mit Früchten

Wer einen Wintergarten hat (so wie Teuntje van Os in Bergen, Nordholland) oder in wärmeren Landstrichen wohnt, kann sich das außergewöhnliche Vergnügen gönnen, tagaus, tagein zwischen und unter Passionsblumenranken und Weinreben zu sitzen, deren Früchte an langen Trieben herabhängen.

Viele *Passiflora*-Arten blühen nicht nur wunderschön, sondern tragen anschließend auch wohlschmeckende Früchte. *Passiflora caerulea* ist fast überall erhältlich; meistens ist sie an einen halbkreisförmigen Bogen gebunden, damit man sie besser transportieren kann. Die orangefarbenen Früchte sind sehr hübsch, bestehen aber hauptsächlich aus Kernen, und das wenige Fruchtfleisch hat einen unangenehmen Geschmack. Sehr bekannt ist auch *Passiflora edulis* mit ihren fast farblosen Blüten (die Staubgefäße sind tiefrosa), deren Früchte von wunderbarem Purpur sind. Die köstlichsten Früchte trägt jedoch *Passiflora ligularis*: kugelförmig, mit knackiger, orangefarbener Schale und vielen schwarzen Kernen in rahmweißem Fruchtfleisch.

Für zusätzliche Farbakzente sorgen *Bougainvillea*-Arten – hier hängen die Blütenwolken der bekannten rotvioletten Form herab –, und echtes Blau fügt Bleiwurz *(Plumbago)* hinzu. Diese üppig blühenden Schling- und Kletterpflanzen eignen sich hervorragend für Sträuße – die Passionsblumen müssen allerdings täglich frisch geschnitten werden, denn die Blüten sind nur einen einzigen Tag lang offen; dafür werden sie jedoch reichlich produziert.

Zucchiniblüten und kletternde Kürbisse

Kürbisse bilden den Schluß des Kapitels »Schling- und Kletterpflanzen« – auch sie sind mit reicher Blüte gesegnet, aber mit noch mehr Laub und Früchten beladen. Sie klettern über Mauern und Hecken, (Kompost-)Haufen und andere Gartenelemente, die man schon mal ein Jahr aus den Augen verlieren kann. Sie eignen sich aber auch gut als Bodendecker, und die Früchte sind bis zur Ernte ein hübscher Blickfang.
Zucchinipflanzen sind enge Verwandte des Kürbisses, klettern aber nicht. Sie sind nicht nur wegen ihrer Früchte bekannt und begehrt, sondern auch wegen ihrer Blüten, die sie sehr zahlreich und auf zwei verschiedene Arten darbieten. Aus jeder weiblichen Blüte wird eine Frucht, und jung geerntet ist diese Zucchiniblüte (»Courgette-fleur«) eine Delikatesse. Die Pflanze produziert auch männliche Blüten, die auf hohen, schlanken Stengeln stehen; meist gibt es sehr viele davon, so daß man sie gut zum Fritieren ernten kann. Für Gerichte, in denen viele der goldgelben Blüten verwendet werden, empfiehlt sich die Sorte 'Butterblossom', die einen besonders hohen Anteil männlicher Blüten hat. Aus ihnen kann man Suppen und Soßen zubereiten.

Lauch

Allium als prächtige Schnittblume, *Allium* als üppig blühende Rabattenstaude, *Allium* als Lieferant von eßbaren Blüten (probieren schadet nicht, denn keine von ihnen ist giftig, und Salat kann durch sie nur gewinnen).

Es gibt nur wenige Zwiebelgewächse, bei denen so viele verschiedene Blütenformen vorkommen, daß man einen großen Strauß mit ihnen stecken kann: Da sind die Minibüschel des Schnittlauchs und die riesigen »Spinnenköpfe«, die auf den Blütenstengeln von *Allium schubertii* thronen, sowie die vielen lila- und rosafarbenen, violetten und purpurnen, kleinen und großen, kugel- oder schirmförmigen Blüten des Zierlauchs. Dazwischen fallen die weißen Blüten von *Allium nigrum* auf und die auf hohem Stengel endständig sitzenden Brutknospen von *Allium cepa* var. *viviparum*, auch Luftzwiebel genannt. Hier finden wir sie alle dekorativ vereint; auf den folgenden Seiten sind sie im Detail beschrieben und abgebildet. Dem Blauzungenlauch *(Allium karataviense)* wird hier ein separater Platz eingeräumt, weil sowohl Blüte als auch Samenstand wunderschön über den hübschen blaugrünen Blättern aufragen.

Lauch nicht nur zur Zierde

Von links nach rechts:
Allium nigrum – Zierzwiebel mit weißen Blüten um ein dickes grünes »Knotenherz«; der »Knoten« ist der sechseckige Stempel jeder Blüte. Diese *Allium*-Art ist als Schnitt- oder Beetpflanze eine Augenweide und duftet auch leicht; der Geschmack ist allerdings sehr unangenehm. Früher hieß sie *Allium multibulbosum*, weil sie bei der Vermehrung viele kleine Zwiebeln bildet.
Allium unifolium ist ein zierliches Mitglied der Gattung, das gerne als Schnittblume angeboten wird, da seine Blütenstengel sehr lang sind. Diese Art ist besonders wohlschmeckend.
Allium cepa var. *viviparum*, auch als Luftzwiebel bekannt. Sie trägt an der Dolde zwischen den Blüten große Brutknospen mit austreibenden Blättern.
Allium schoenoprasum 'Albiflos', 'Albus' oder 'Corsican White' – unter diesen drei Sortenbezeichnungen ist fast reinweiß blühender Schnittlauch erhältlich. Er ist sowohl im Garten und in einem Strauß als auch auf dem Teller hübsch anzusehen, und darüber hinaus schmeckt er sehr lecker!
Zwiebeln gegen Kaninchen – das hilft tatsächlich, denn Kaninchen können dem Zwiebelgeschmack rein gar nichts abgewinnen. Setzen Sie also überall dort, wo Sie Kaninchen fernhalten wollen, Zwiebeln oder Lauch um die Beete.
Allium christophii, auch *Allium albopilosum* oder Sternkugellauch genannt, wurde bereits 1901 bei uns eingeführt. Der silbrig glänzende kugelförmige lila Blütenstand ist ein wahrer Traum, der sich in jedes Farbschema einpaßt – im Garten genauso wie in einem Strauß, frisch genauso gut wie getrocknet.
Allium christophii – die silbrig glänzenden Kugeln mit den sternförmigen Blüten des Sternkugellauchs wurden bereits beschrieben. Hier als Kontrast die schalenförmigen, hängenden Blütendolden von *Allium cernuum*; diese Art, die um 1800 aus Amerika mitgebracht wurde, lockt viele Bienen an. Die Blüten halten sich lange in der Vase; im Freien blühen sie von Juni bis September.
Allium schubertii (oben rechts) – in warmen Sommern können die spinnenartig verzweigten Blütenköpfe, bedingt durch die männlichen Blüten, die weit nach außen drängen, einen Durchmesser von 60 Zentimetern erreichen. Die weiblichen sternförmigen Blüten bilden den inneren Blütenkopf.

Linke Seite: *Nectaroscordum siculum* ist kein fremdes Element in der Gattung *Allium* – schließlich hieß diese Staude früher *Allium siculum*. Diese Schönheit hält sich lange in der Vase, bildet hübsche, laternenförmige Samenkapseln und hat einen angenehmen Knoblauchgeschmack. Die sehr dunkle, purpurfarbene Blüte daneben ist eine neue Kreuzung aus *Allium atropurpureum* und *Allium schubertii*, die sich ebenfalls lange in der Vase hält.

Kleine Früchte, großes Fest

Viele anmutig überhängende Äste, reich beladen mit kleinen Früchten, können sowohl im Beet als auch auf dem Teller einen wunderbaren farbenfrohen Anblick und darüber hinaus auch Gaumenfreude bieten.

Warme Blautöne stammen von Heidelbeeren, Brombeeren und schwarzen Johannisbeeren, zartes Gelb und natürlich auch Rot von geschmeidigen Himbeerranken, und der frische Touch ist den kräftigen Zweigen von *Rubus phoenicolasius* (Japanische Weinbeere) zu verdanken. Etwas früher können auch grünliche Stachelbeeren und das hübsche Weiß der Brombeerblüten eine Rolle bei der Zusammenstellung von Sträußen spielen.
Verpackt in süße Leckereien, bereiten die kleinen Früchte natürlich auch unserem Gaumen große Freude. Ein Beispiel dafür ist diese Torte von »Puccini« in Amsterdam, in der Brombeeren und Himbeeren mit zwei verschiedenen Geschmacksnuancen von Schokolade kombiniert werden: mit Mousse aus weißer Schokolade und einem Teig, der Zartbitterschokolade und etwas Kaffee enthält.

Schokoladentorte mit Brombeeren und Himbeeren

Für die Schokoladenteiglagen:
3 Eigelb
175 g Puderzucker
4 Eiweiß
50 g geschmolzene Zartbitterschokolade
20 ml starker Kaffee

Eigelb mit der Hälfte des Zuckers schlagen, bis die Mischung anfängt, dick zu werden. Den Kaffee hinzufügen und weiterschlagen, bis die Masse gut eingedickt ist. Eiweiß mit dem restlichen Zucker sehr steif schlagen. Eigelb-Masse und geschmolzene Schokolade zum Eiweiß gießen und vorsichtig unterheben. Auf Backpapier aus der Masse drei Kreise von 1 cm Dicke und 24 cm Durchmesser streichen und im vorgeheizten Backofen bei 180 °C 15 Minuten backen. Zum Ablösen mit Kakao bestreuen und auf ein anderes Stück Papier wenden.

Für die weiße Schokoladenmousse:
200 g geschmolzene weiße Schokolade
200 g geschlagene Sahne
2 Blatt Gelatine
100 ml Milch
1 Vanilleschote
2 Eiweiß, mit 1 El Zucker steif geschlagen
300 g Brombeeren und Himbeeren

Aufgeschnittene Vanilleschote in der Milch ziehen lassen. Eingeweichte Blattgelatine darin auflösen; vorher die Vanilleschote herausnehmen, das Mark sorgfältig herauskratzen und in die Milch geben. Etwas abkühlen lassen und zur geschmolzenen Schokolade geben. Fast erkalten lassen (die Mischung sollte beinahe fest sein) und dann erst die Sahne unterheben; anschließend vorsichtig das Eiweiß unterziehen. In eine Springform einen Schokoladenteigboden legen, dann eine Lage weiße Mousse mit Früchten daraufgeben. Diese Abfolge zweimal wiederholen und anschließend die Torte im Kühlschrank fest werden lassen. Vorsichtig aus der Form lösen und eventuell mit weißen Schokoladenplättchen, Brombeeren und Himbeeren großzügig dekorieren.

Blühende Kräuter

Blühende Kräuter im Garten, in Blumenbeeten oder im Kräutergarten, sind heutzutage sehr beliebt, da sie nicht nur hübsch aussehen und köstlich schmecken, sondern auch eine Vielzahl von Schmetterlingen und Insekten anlocken.

Ein Kräutergarten bekommt durch Blüten zusätzlich Farbe, und sie werden nicht mehr nur zugunsten des Blattwachstums entfernt. Mittlerweile werden Blüten *und* Blätter mit Begeisterung verwendet – auch von berühmten Chefköchen, wie Maartje Boudeling auf den Seiten 133 f. und 137 demonstriert. Hier, inmitten einer Fülle von aromatischen Sträußen, bietet eine »Wald- und Wiesenvariante« der berühmten Tarte Tatin, die von den Damen Tatin erfunden, von Paul Bocuse zu Papier gebracht und von Millionen nachgekocht wurde, einen einfachen, aber köstlichen Einstieg.

Für diese Version werden Butter und Zucker oder Honig in einem Topf bei mittlerer Hitze erwärmt, bis sie leicht karamelisieren. Der hellbraune Sirup wird in eine flache Backform oder eine Pie-Form gegossen. Darauf arrangiert man Scheiben oder Schnitze von zuvor geschälten und entkernten Äpfeln, mit der »guten« Seite nach unten. Zur Abwechslung kann man noch Nüsse darüberstreuen – Pistazien oder Pinienkerne passen sehr gut dazu.

Das Ganze dann mit (tiefgefrorenem) Blätterteig abdecken und bei 200 °C im vorgeheizten Ofen 15 bis 20 Minuten backen.

Wenn die Äpfel brutzeln und schön braun sind, kann die Form herausgenommen werden. Die Seiten lösen und die Tatin-Variante auf einen großen Kuchenteller stürzen. Blaue Boretschblüten als Dekoration sehen hübsch aus und schmecken zudem noch lecker.

Doppelter Einsatz für Dill

Dill wird schon seit langem nicht mehr ausschließlich als Gartenkraut verwendet. Natürlich sind seine Blätter und Blüten in der Kräuterküche unentbehrlich: Seine Stengel verleihen einem Barbecue besonderes Aroma, man legt sie unter Fisch, der im Ofen gegart wird, und junge und ausgereifte Samen werden für verschiedene Gerichte benutzt. *Anethum graveolens* macht aber auch in Sträußen seinem botanischen Namen alle Ehre, denn seine Zweige sind sehr aromatisch. Diese Eigenschaft wird auch für Blumenarrangements gerne genutzt.
Hier spielt Dill auf einer festlichen italienischen Obsttafel eine Hauptrolle: Große Zitronen (wegen ihres Saftes und der duftenden Schale

gezüchtet und auch als Sukkadezitronen oder Zedratfrüchte, die in Italien »cedro« heißen, bekannt) sind vereint mit schlanken, aromatischen 'Williams'-Birnen. Dazwischen findet man Rot, Gelb und Zartorange von Kirschen, Pflaumen, Pfirsichen und Aprikosen. Das alles wird von der fröhlich wirkenden, aber ganz besonders stacheligen Distel-Art *Scolymus maculatus* umrahmt, die erst im Juli in sehr warmen, trockenen Ländern mit vielen »Pusteblumen« auf haarigen Stengeln gelb zu blühen beginnt. Rechts im Hintergrund leuchten weiße Staubgefäße an aromatischen Myrtenzweigen, und auf dem Tisch läßt uns *Hibiscus syriacus* 'Coelestis' ein wenig Blau erhaschen – ein Stück »Himmel« inmitten all dieser irdischen Genüsse.

Freie Bahn für Kräuter

An Stellen, wo Kräuter »freie Bahn« haben, können sie sich zu weiten Flächen ausbreiten: Kapuzinerkresse in großen Mengen legt einen goldfarbenen Mantel über das Land, so daß es ganz einfach ist, die würzigen Blüten und milden Blätter zu ernten.

Wenn Maartje Boudeling auf kulinarischem Gebiet »freie Bahn« hat, zaubert sie aus ihrem reichhaltigen Repertoire Gerichte, die manchmal durch ihre Einfachheit bestechen, aber grundsätzlich immer überraschend aromatisch und angenehm frisch sind; dazu mag die grüne und fruchtbare Provinz Seeland, in der ihr »Manoir Restaurant Inter Scaldes« liegt, einen Teil beitragen. Maartje Boudeling wählt aus den frischesten Saisonprodukten nur die allerbesten aus, hebt das Aroma von Fleisch, Fisch und Geflügel häufig mit Kräutern aus dem eigenen Garten hervor und läßt ihrer Phantasie die Zügel schießen. So entstehen dort, zwischen den Schelden, zum Beispiel Zucchini in Streifen als Beilage zu Seebarsch oder eine süße Kombination von Lavendel und Quitte. Nicht umsonst ist Maartje Boudeling eine der wenigen Köchinnen, die erfolgreich ein eigenes Restaurant führen. Sie hat für dieses Buch fünf Gerichte kreiert, die zum Nachkochen genauso einladen wie zu einem Besuch in ihrem Restaurant, um dort noch mehr ihrer Köstlichkeiten zu genießen. Bei dieser Gelegenheit kann man außer dem Garten beim »Inter Scaldes« auch noch andere besichtigen (siehe Informations- und Adressenteil Seite 158).

Gedämpfter Seebarsch mit Zucchinistreifen

(Für 4 Personen)

4 Stücke Seebarsch à 150 g, ohne Schuppen
16 Trüffelkartoffeln ('Truffes de Chine')
1 bis 2 Zucchini, je nach Größe
Olivenöl
Meersalz
100 ml Olivenöl mit 1 Tl Gewürznelken und 4 Lorbeerblättern
Salz und Pfeffer
Zitronensaft

Die Haut des Seebarsches kreuzweise einschneiden und mit Salz bestreuen.
Die Trüffelkartoffeln in der Schale kochen, pellen, in der Mitte durchschneiden (und sich an der dunkelvioletten Farbe erfreuen).
Für die Soße das Olivenöl mit den Gewürzen leicht erwärmen, Nelken und Lorbeerblätter 1 Stunde ziehen lassen und dann herausnehmen. Mit Salz, Pfeffer und Zitronensaft abschmecken.
Die Zucchini in dünne Streifen schneiden und kurz unter ständigem Rühren erwärmen, bis sie etwas weicher, aber noch bißfest sind.
Zuletzt den Seebarsch dämpfen. Die Seebarschstücke auf vorgewärmte Teller legen, Zucchinistreifen und Trüffelkartoffeln um ihn herum arrangieren und das aromatisierte Öl darüberlöffeln. Eventuell mit Meersalz nachwürzen und mit Stiefmütterchen- oder Kapuzinerkressenblüten garnieren.

Fischsalat

(Für 4 Personen)

Salatsorten:
Kopfsalat
Eichblattsalat
'Lollo Rossa'
Feldsalat
Frisée (krause Endivie)
Kresse
Kräuter:
Purpurblättrige Schwarznessel (Shiso)
Estragon
Basilikum
Kerbel
Dill
Schnittlauch
Gemüse:
2 Artischocken
1 Strunk Brokkoli
1 Tomate
16 jung geerntete Rüben
Fischsorten:
Rotbarsch (4 kleine Filets)
Garnelen (100 g)
Krebs
Seebarsch
Langostinos
Seezungenfilet (von einer halben Seezunge, in Streifen geschnitten)
Für das Dressing:
1 Tl Senf
2 Tl Weinessig
1 Tl Himbeeressig
5 bis 6 Tl Nußöl
Pfeffer und Salz

Im »Inter Scaldes« bekommt man natürlich all diese Köstlichkeiten zusammen auf einem Teller serviert, aber wenn man bei der Zubereitung zu Hause nicht alle Salat- oder Fischsorten verwendet, ist das auch kein Beinbruch.

Die Langostinos läßt man in Öl mit Knoblauch ziehen, brät sie dann kurz in Olivenöl, löscht sie mit Zitronensaft ab und bestreut sie mit Salz und Pfeffer.
Die Seezungenstreifen und der Seebarsch werden pochiert.
Die Rotbarschfilets unter den Grill legen; sie sollen dabei ein schönes Rautenmuster bekommen.
Der Krebs wird in einer Bouillon aus Wasser mit Sellerie, Petersilie, Zitronensaft, Salz, Pfeffer und einem Schuß Cognac gekocht. Er sollte nicht zu lange in der Brühe bleiben, weil das Fleisch sonst seine Festigkeit verliert.
Die Artischocken in Mehlwasser kochen (Anleitung siehe Seite 134). Einige Blätter werden auf die Teller verteilt, die Herzen werden als Brunoise und als Garnitur verwendet. In der Kochflüssigkeit abkühlen lassen, damit sie ihre schöne helle Farbe behalten.
Brokkoli in Röschen teilen, in kochendem Salzwasser garen (wenn sie hellgrün werden, sind sie bißfest) und dann in kaltem Wasser abschrecken.
Die Kräuter in eiskaltes Wasser legen.
Die Salate gründlich waschen, abtropfen lassen und in Stücke pflücken.
Eines der Artischockenherzen mit der enthäuteten Tomate zu Brunoise verarbeiten.
Für das Dressing alle aufgeführten Zutaten vermischen.
Kleingeschnittenes Artischockenherz und Tomate mit den Brokkoliröschen und den Garnelen mischen. Einen Löffel Dressing darübergießen.
Salate und Kräuter mit dem Dressing anmachen.
Fisch, Garnelenmischung, Salat, einige Artischockenblätter und Kräuter auf Teller verteilen und mit Stiefmütterchen- oder Kapuzinerkressenblüten garnieren.

Dazu serviert man pro Person einen Teller mit:
4 fritierten Basilikumblättern
4 Streifen fritierten Artischockenherzen (aus der zweiten Artischocke geschnitten)
4 kirschgroß geerntete Rüben, bißfest gekocht.

Größen im »Inter Scaldes«

Große, hohe Pflanzen wie Engelwurz *(Angelica archangelica)*, Rhabarber-Arten *(Rheum)* und Artischocken *(Cynara scolymus)* verleihen einem Kräutergarten imposante Schönheit.

Manchmal sind die hoch aufragenden Blüten auch noch ganz besonders köstlich wie bei den Artischocken-Arten, und hin und wieder kann man sie ruhig für einen Strauß abschneiden, weil sie zwar hübsch aussehen, aber nicht gut schmecken. Sie ergeben dann ein rustikales Arrangement mit einer intensiven Duftnote, wie zum Beispiel die Kombination aus Liebstöckelblüten *(Levisticum officinale)*, den Sternchen, die die Weinraute *(Ruta graveolens)* hervorbringt, und dem kräftigen Gelb des Rainfarns *(Tanacetum vulgare)*.
In den Sommermonaten kann man die Köstlichkeiten, die aus dem Kräutergarten des »Inter Scaldes« auf die Teller gezaubert werden, ohne weiteres auch im Freien genießen. Hier ein paar Beispiele:

Gegrillter Steinbutt mit gebackenem Chicorée und Estragonsenfsosse

(Für 4 Personen)

4 Scheiben Steinbutt à 225 g	**Für den Ausbackteig:**
12 kleine Chicorée	*1 Ei*
Olivenöl	*100 ml kaltes Wasser*
Butter	*100 g gesiebtes Mehl*
Mehl	**Für die Soße:**
Meersalz	*200 ml Fischbrühe*
grobgemahlener Pfeffer	*1 El Crème fraîche*
1 Bund Estragon	*50 g kalte Butter in Flöckchen*
etwas frischer Zitronensaft	*1 El Estragonsenf*

Steinbuttscheiben trocken tupfen, mit Mehl bestäuben und mit Olivenöl bepinseln. Auf dem glühendheißen Grill von beiden Seiten grillen.
Die intakten äußeren Blätter vom Chicorée ablösen, das Herz in Streifen schneiden und beides leicht in Butter braten – die kleinen zarten Blätter nicht zu lange braten, damit sie, genau wie die größeren, noch knackig bleiben. Mit Salz und Pfeffer abschmecken. Die Fischbrühe ein Drittel einkochen lassen, Crème fraîche dazugeben, noch etwas eindicken lassen und schließlich die kalten Butterflöckchen einrühren. Zuletzt den Senf unterheben. Die Estragonstengel durch den Ausbackteig ziehen und in Öl fritieren. Steinbutt mit Zitronensaft beträufeln, Chicorée um den Fisch arrangieren und die fritierten Estragonstengel mit etwas grobgemahlenem Pfeffer darüberstreuen.

Gänseleber mit Artischocken und Chinesischem Schnittlauch

(Für 4 Personen)

400 g frische Gänseleber im Stück	*1 Bund Chinesischer Schnittlauch (Blätter und Blüten)*
4 große und 12 kleine Artischocken	*Weinessig*
Zitronensaft	*grobes Meersalz und Pfeffer*
2 Schalotten	

Die großen Artischocken mit Zitronensaft einreiben und in einer Brühe aus Wasser, gewürzt mit Salz, Pfeffer, Lauch, Thymian und Lorbeerblatt, kochen. Sobald die Brühe kocht, Mehlwasser herstellen: Dazu einen Teigkloß, der aus Mehl, Zitronensaft und etwas Wasser geknetet wurde, in die Brühe geben. Mit einem feuerfesten Teller beschweren, etwa 10 Minuten kochen und in der Flüssigkeit abkühlen lassen (dadurch garen die Blütenknospen nach, und Blätter und Heu lassen sich leichter entfernen).
Die kleinen Artischocken in Wasser mit Pfeffer, Salz und Zitronensaft zum Kochen bringen und weitere 5 Minuten kochen. Ebenfalls in der Brühe abkühlen lassen. Blätter und Heu der großen Artischocken entfernen; von ihnen werden nur die Böden verwendet.
In der Zwischenzeit die Schalotten schälen, in Scheiben schneiden, mit Mehl bestäuben und goldgelb fritieren. Die Blüten des Schnittlauchs beiseite legen, die Blätter fein hacken.
Die Gänseleber in Scheiben schneiden (ca. 90 Gramm pro Person), mit Mehl bestäuben und anschließend in einer glühendheißen Pfanne ohne Fettzugabe kurz bräunen, wenden, mit gut gereiftem Weinessig ablöschen und mit grobem Meersalz bestreuen.
Auf jeden Teller 2 Scheiben Gänseleber und 1 Artischockenboden legen; 2 kleine Artischocken in Blütenform und eine dritte zerpflückt als Garnierung dazu arrangieren. Dann den gehackten Schnittlauch und die fritierten Schalottenringe darüberstreuen; die Schnittlauchblüten können als Garnierung verwendet oder ebenfalls kurz fritiert werden. Anschließend die aromatische Bratflüssigkeit darüberlöffeln.

Würze und Süße

Vielen Kräuterblüten ist der Geschmack der würzigen Pflanzenblätter eigen, für den die Kräuter bis heute am meisten verwendet werden. Der Geschmack der Blüten wird jedoch durch ihre leichte Nektarsüße gemildert, die eigentlich befruchtende Insekten anlocken soll. Aber auch für uns ist es verlockend, solche Blüten neben den würzigen Kräutern vielseitig zu verwenden.

Daß man Kräuterblüten nicht nur für kulinarische Zwecke erntet, beweisen die Kräutersträuße, die in fröhlicher Vielfalt diese Seite schmücken und nicht nur die Geschmacksnerven, sondern auch das Auge verwöhnen.

Die vielen hübschen Farben und Aromen der Blüten wirken natürlich auf Dessert- und Kuchentellern besonders erfrischend. Für süße Kombinationen eignen sich zum Beispiel fast alle Salbei-Arten: vom einfachen violettblühenden Gartensalbei *(Salvia officinalis)* über Muskatellersalbei *(Salvia sclarea)* mit seinen eineinhalb Meter hohen Blütenständen bis hin zu den leuchtendroten Blüten des Ananassalbeis *(Salvia elegans)*.

Aber auch die winzigen Blüten vieler Thymian-Arten harmonieren gut mit Süßem. Majoran bietet sich für diese Kreationen genauso an wie die weißen Blütendolden des Anis *(Pimpinella anisum)*, die kräftigen halbkugeligen Blüten der Engelwurz *(Angelica archangelica)* und die vielen zarten Farben, in denen die verschiedenen Basilikum-Arten ihre kleinen Blütenkerzen öffnen.

Das zarte Rosa des Baldrians *(Valeriana officinalis)* eignet sich sehr gut für köstliche Leckereien, und selbst die himmelblauen Boretschblüten *(Borago officinalis)* mit ihrem frischen Gurkengeschmack passen vorzüglich zu süßen Speisen. Minze – *Mentha*-Arten und -Sorten – ziert mit intensivem Aroma und üppiger Blüte (aber auch mit sehr starkem Wuchs) die Kräutergärten und wird häufig mit Süßem kombiniert. Man denke nur an die vielen Spirituosen und an die Süßigkeiten, in denen Schokolade und (Pfeffer-)Minze enthalten sind.

Klatschmohnblüten haben kein besonderes Aroma, geben aber wie die Pflanzen der *Malvaceae*-Familie Farbe ab (auch in Flüssigkeiten); in dieser Familie kommen viele hübsche Farben vor, aber die Blüten haben kaum Geschmack. Das gilt auch für Veilchen, die mit ihren hübschen Blüten allerdings jedes Gericht für das Auge ansprechender machen. Wesentlich aromatischer sind die kleinen flauschigen Blüten der Süßdolde *(Myrrhis odorata)*, die duftenden Blütenschirme des Holunders *(Sambucus)*, die Frühlingsblüten des Waldmeisters *(Gallium odoratum)*, das sonnige Gelb von Steinklee *(Melilotus officinalis)* und nicht zuletzt die in vielen Farben blühenden Nelken *(Dianthus)*. Wählen Sie duftende Sorten aus, da nur bei ihnen die Blütenblätter ein würziges, nelkenartiges Aroma haben.

Wichtig sind natürlich auch die »blauen« Kräuter, die in südlichen Ländern üppig wachsen, blühen und die Luft mit ihrem schweren Aroma erfüllen. Rosmarin *(Rosmarinus)* – mit dessen Blättern man genau wie bei Thymian *(Thymus)* sparsam

umgehen muß, damit ihr Aroma nicht ein Gericht dominiert – bringt eine Vielzahl an hübschen blauen Blüten hervor, deren Geschmack sehr viel milder ist als der der nadelförmigen Blätter. Wenn Sie die Mühe des Sammelns der kleinen Blüten nicht scheuen, können Sie sie auch gut für süße Gerichte verwenden.
Beim Lavendel *(Lavandula officinalis)* verhält es sich ähnlich: die blauen, weißen oder rosafarbenen Blütenähren sind so aromatisch, daß sie in der Küche nur in kleinen Mengen eingesetzt werden, dann aber den Gerichten einen ganz besonderen Pfiff verleihen. Maartje Boudeling kombinierte die wunderbare Süße von Lavendeleis mit Quitten.

Lavendeleis mit Quittensorbet

(Für 4 Personen)

Für das Lavendeleis:
250 ml Sahne
250 ml Milch
7 Eigelb
140 g Zucker
1 Prise Salz
10 g Lavendelblüten (frisch gepflückt und gewogen – bei getrockneten Lavendelblüten weniger nehmen, weil sie beim Trocknen zwar an Gewicht, aber nicht an Geschmack verlieren; 1 ½ Teelöffel reichen dann aus)

Milch, Sahne, die Hälfte des Zuckers und die Lavendelblüten langsam zum Kochen bringen und 1 ½ Minuten bei schwacher Hitze ziehen lassen.
Eigelb mit dem restlichen Zucker und der Prise Salz rasch verquirlen und die aromatisierte Milch-Sahne-Mischung unter ständigem Rühren dazugeben. Den Topf wieder auf den Herd stellen und unter ständigem Rühren in 1 bis 2 Minuten binden. In Eiswasser abkühlen lassen und in die Eismaschine geben.

Für das Quittensorbet:
250 ml Zuckerwasser (1:1)
250 g Quitten, geschält, entkernt und in Stücke geschnitten
Saft von 2 Orangen
Saft von ½ Zitrone
Zimtstange
50 ml Wasser
1 Schuß Birnenschnaps (Eau de Vie de Poire Williams)

Quittenstücke in Orangen- und Zitronensaft und etwa 50 ml Wasser (eventuell mehr, sie dürfen nicht trocken werden) und der Zimtstange bei mittlerer Hitze weichdünsten. Zimtstange herausnehmen und Früchte sehr klein hacken oder in der Küchenmaschine pürieren. Abkühlen lassen, Zuckerwasser und Birnenschnaps unterrühren und in der Eismaschine zu Sorbet verarbeiten.

Von Birnen, Äpfeln, Pflaumen und Kürbissen

Zweige von üppig tragenden Obstbäumen warten darauf, zu Erntesträußen und -gestecken verarbeitet zu werden. Doch auch die Ernte selbst versorgt uns mit vielen dekorativen und leckeren Materialien für die Gestaltung von Tafeln voll spätsommerlicher Pracht und herrlicher Gaumenfreuden: zu Stapeln gehäuft oder als Kränze mit Kürbissen als Mittelpunkt.

Hier geben sich Äpfel und Pflaumen von »Rang und Namen« ein Stelldichein: 'Empire' heißen die rot überhauchten Äpfel an den Zweigen; die Sorte 'Zigeunerin' mit roten Streifen liegt in der Schale. Die grünen Pflaumen tragen den Namen 'Reine Claude Verte', und durch Kreuzungen entstanden die bläulich schattierte rotviolette 'Reine Claude d'Althan' sowie 'Reine Claude d'Oullins', die so gelbgrün ist wie eines ihrer Elternteile. Größer, aber ebenfalls rund und grün ist der Apfel 'James Grieve'; grün und oval ist dagegen die Tafelbirne 'Doyenné de Comice', die auch Butterbirne genannt wird, weil sie so schön saftig ist. Mehr ins Bräunliche geht die Schalenfarbe von 'Conférence'; die Schale ist zwar hart und spröde, die Frucht ist jedoch schmackhaft und saftig. Die kleinen gelben Früchte sind Zieräpfel der Sorte 'Mirabelle de Nancy'. Kirschpflaumen reifen an Bäumen, die von allen *Prunus*-Arten am frühesten duftende Blüten tragen und am längsten ihre Blätter behalten.

Dieses Erntefest wird im Innenhof des Restaurants »De Kloosterhoeve« in Harmelen (siehe auch Seite 55) ausgerichtet. Das Glasgeschirr aus dem 18. Jahrhundert stammt vom Antiquitätenhändler Frides Laméris in Amsterdam, und Hans Brouwer aus derselben Stadt hat sich dazu eine Variante der Bratäpfel ausgedacht, zu der Mandelmakronen gehören.

Bratäpfel mit Vanillesosse

8 kleine, leicht säuerliche Äpfel	**Für die Vanillesoße:**
100 g Bittermandelmakronen	*½ aufgeschlitzte Vanilleschote*
1 Glas Marsala	*100 g Zucker*
30 g Butter	*100 ml Wasser*
50 g Mandelsplitter	*4 verquirlte Eigelbe*
etwas Zimt und Kristallzucker	*100 ml Sahne*

Äpfel nicht schälen, aber das Kerngehäuse ausstechen. Makronen in einem halben Glas Marsala einweichen, fein zerdrücken und mit der Butter verrühren. Die Äpfel mit der Masse füllen.

Auflaufform buttern, Äpfel hineinsetzen, den restlichen Marsala angießen und die Äpfel mit Zimt, Kristallzucker und Mandelsplittern bestreuen. Bei 180 °C 15 bis 20 Minuten garen.

Für die Soße 100 ml Wasser mit etwas Zucker zum Kochen bringen und die Vanilleschote hinzufügen. 20 Minuten ziehen lassen, damit das Vanillearoma freigesetzt wird. Mark herauskratzen. Schote aus der Flüssigkeit nehmen und diese zum verquirlten Eigelb gießen. Bei schwacher Hitze unter gelegentlichem Rühren erwärmen, bis die Soße dick und schaumig ist. Vom Herd nehmen, weiterrühren, bis die Soße abgekühlt ist, und dann erst die ungeschlagene Sahne unterheben. Äpfel lauwarm mit der Garflüssigkeit und der kalten Vanillesoße servieren.

Hortensien für Rabatten

Hortensien – auch unter dem botanischen Namen *Hydrangea* bekannt – sind seit Jahrhunderten beliebte Pflanzen für Beete und Sträuße. Sie bevorzugen Feuchtigkeit und vertragen Schatten gut, vor allem in wärmeren Ländern, wo die Wurzeln sonst zu schnell austrocknen. Als frische Schnittblume halten sie sich leider nicht lange, aber wenn die Blüten abgeschnitten werden, wenn sie bereits etwas papieren sind, halten sie sich in Trockensträußen jahrelang. Durch den kugelförmigen Wuchs der Sträucher, die sehr viele Blüten tragen, ist *Hydrangea* eine ausgezeichnete Rabattenpflanze, die in breiten, bunten Linien Wege und Pfade, Gräben und Teiche säumt. Auch an Mauern, wo die steinernen Wälle sie vor Wind und Wetter oder zu intensiver Sonneneinstrahlung schützen, fühlt sie sich wohl. Am besten geeignet sind Mauern, an denen die Pflanze nur der Morgen- oder Abendsonne ausgesetzt ist.

»Schafsköpfe« inmitten von Grün

Wie »Schafsköpfe« muten die großen, konischen Blütenstände an, die sich von Grün zu Weiß, dann langsam zu Rosa und schließlich zu Beige verfärben, das sich lange in Trockensträußen hält. Die Blüten von *Hydrangea paniculata* 'Grandiflora' stehen im Spätsommer hoch und üppig über dem Laub und sorgen in Rabatten und Sträußen für ganz besondere Effekte.

Die Sorte 'Unique' präsentiert ebenfalls eine sehr ausgeprägte Blütenform; darüber hinaus besitzt sie einen besonderen Duft: Frisch, stark und süß ist er im August und September eine wahre Wohltat im Garten. Die Blütenköpfe stehen an kräftigen, verholzten Zweigen, die sich frisch geschnitten gut zum Stecken von Sträußen eignen. Hier werden sie in Form und Farbe sanft durch die aufgeblähten Samenkapseln ergänzt, die die beliebte Seidenpflanzen-Art *Asclepias fruticosa* in wärmeren Ländern oder im Gewächshaus hervorzaubert.
Wer noch mehr von den Ruhe ausstrahlenden grünweißen Hortensien möchte, ist mit der reich blühenden *Hydrangea arborescens* gut bedient. Diese Art ist beinahe immergrün und hat sehr lange Blütenknospen, während die geöffneten weißen Blüten kurz sind. Nach der Blüte zeigt sich die Pflanze wieder monatelang im grünen Herbstkleid. *Hydrangea quercifolia* (sehr gut an dem eichenblattähnlichen Laub erkennbar) besitzt unterschiedliche Blüten: weiße Lockblüten und grüne fruchtbare Blüten. Bei der kletternden Form *Hydrangea anomala* ssp. *petiolaris* sind die Blüten eher kranzförmig, wie bei den Lacecap-Hortensien, angeordnet.

Zum Verlieben

Auf einer Fahrt durch die wundervolle italienische Landschaft, wo sich die Silhouetten der Zypressen scharf und dunkelgrün vom stets blauen Himmel abheben, wo Reihen von Weinreben, Gemüse und duftenden Kräutern die Erde mit ihrem Muster überziehen, bietet die »Locanda dell'Amorosa« eine freudige Überraschung.

Die Erwartungen sind natürlich hoch, denn Italiener mit gutem Geschmack verstehen es auch, sich vorteilhaft zu präsentieren. Dennoch werden die Erwartungen von dem Renaissancebau und dem Innenhof noch übertroffen – die Mauern sind in sanftem Ton gestrichen und an vielen Stellen von Hortensien gesäumt, die in voller farbenprächtiger Blüte stehen.

Daß Hortensien hier beliebt sind, zeigt sich schon auf dem Weg dorthin, denn es gibt kein Dorf oder Städtchen, wo sie nicht über die Mauern hängen, Mauern säumen oder auf Mauern oder Kacheln gemalt sind.

Amorosa liegt in der Toskana zwischen Valdichiana und Sinalunga (besser gesagt, zwischen Florenz und Perugia). »Amorosa« ist zwar nur der Name eines kleinen Dorfes, aber auf dem Weg dorthin sieht man ihn so oft in großen Buchstaben auf Schildern, daß man es schon liebt, bevor man ankommt. Dieses Gefühl wird durch die »Locanda dell'Amorosa« nur noch verstärkt, denn es ist dort wirklich wunderschön: Die Kombination von ländlicher Ruhe und imposanten historischen Gebäuden schafft eine ganz besondere Atmosphäre. Wenn dann auch noch Chefkoch Walter Redaelli seine Gerichte zaubert, die auf die traditionelle toskanische Küche gründen und von geheimnisvollen Aromen durchdrungen sind, dann ist es soweit: Sie sind ganz schnell verliebt.

Auf diesen Seiten schon einmal ein kleiner Vorgeschmack: Risotto mit Zucchiniblüten. Es folgen noch weitere Köstlichkeiten, wie zum Beispiel Penne, bei denen vor allem das Gemüse aus der Region um Valdichiana eine große Rolle spielt. Krönender Abschluß sind solch leckere Desserts wie Erdbeertulpen mit Mascarponesoße und Zitronentorte.

Risotto mit Zucchiniblüten

(Für 4 Personen)

240 g Arborio-Reis (oder ein anderer Rundkornreis)
16 Zucchiniblüten (männliche Blüten mit schlankem Stiel)
400 g Zucchini
100 g Butter
10 g Zwiebeln, feingehackt
125 g Parmesan, feingerieben
100 ml Weißwein
1 l Fleischbrühe
Olivenöl
Mehl
Salz

Die Zucchini und 12 Zucchiniblüten in schmale Streifen schneiden. Die feingehackte Zwiebel in 40 Gramm Butter anbraten, den Reis hinzufügen und ebenfalls kurz anbraten.

Weißwein angießen und dann die Blüten- und Fruchtfleischstreifen der Zucchini unterrühren. Einen Teil der Brühe angießen und den Reis 15 Minuten kochen lassen. Zwischendurch prüfen, ob der Reis die Flüssigkeit schon aufgenommen hat. Nach und nach mit Brühe aufgießen, bis die Flüssigkeit aufgesogen und der Reis gar, aber nicht naß ist. Kurz vor dem Servieren die restliche Butter und den Parmesan unterrühren.

Das Risotto auf vorgewärmte Teller verteilen und mit den übrigen 4 Zucchiniblüten garnieren, die vorher mit Olivenöl bepinselt, mit Mehl und Salz bestäubt und fritiert wurden.

Gemüse-Allerlei …

Wenn Walter Redaelli für das Gemüse-Allerlei den Grill anstellt, bietet sich bald ein farbenfrohes Schauspiel, denn die Farben des Gemüses werden durch das Grillen intensiviert, und zudem entsteht ein hübsches Rautenmuster. Es ist ein ursprüngliches Gericht, da die verschiedenen Gemüsesorten nur mit Olivenöl und Basilikum verfeinert werden, so daß ihr Eigengeschmack erhalten bleibt.

Gemüse-Allerlei vom Grill

(Für 4 Personen)

12 Scheiben Zucchini
8 Scheiben Aubergine
4 Tomaten, enthäutet, entkernt und geviertelt
4 kleine Köpfe Radicchio
4 kleine Steinpilzköpfe
12 Scheiben Möhren
1 gelbe Paprika, enthäutet und geviertelt
4 kleine Chicorée
2 weiße Zwiebeln, in Scheiben geschnitten
kaltgepreßtes Olivenöl (die beste erhältliche Qualität)
1 Bund Basilikum, feingehackt
Salz und frisch gemahlener Pfeffer

Alle Gemüse mit Olivenöl bepinseln und mit Salz und Pfeffer aus der Mühle bestreuen. Für die Soße das feingehackte Basilikum in das Olivenöl geben und gut vermischen. Alle Gemüse von beiden Seiten kurz und kräftig grillen; darauf achten, daß sich ein schönes Rautenmuster bildet. Anschließend das Gemüse zusammen mit der Soße servieren.

Unter der Haube

»Spitzenhäubchen« (Lacecap-Hortensien) heißen viele der *Hydrangea*-Varietäten, die flache, offene Köpfe mit fruchtbaren Blüten und einem Rand von größeren sterilen Lockblüten besitzen. Sie sehen ganz besonders hübsch aus, auch am Strauch.

Von ganz anderer Art ist die hoch aufragende weiße Mütze von Chefkoch Walter Redaelli, unter der viele wunderbare kulinarische Kreationen entstehen, die er auf die Teller zaubert.

Kaninchen in Weisswein mit Fenchelblüten

(Für 4 Personen)

800 g Kaninchen, in Stücke geteilt	*4 Fenchelblütenschirme*
120 ml Weißwein	*80 ml brauner Fond*
150 g Butter	*Salz und Pfeffer*

Die Kaninchenstücke mit Salz und Pfeffer einreiben und von den Schirmen abgeknipste Fenchelblüten darüberstreuen. In eine Bratpfanne geben und bei schwacher Hitze in Butter von allen Seiten anbraten. Die Pfanne für 25 Minuten in den auf 160 °C vorgeheizten Backofen schieben.

Fleisch herausnehmen, den größten Teil des Fettes abgießen und den Rest bei mittlerer Hitze mit Weißwein ablöschen. Etwas eindampfen lassen und mit braunem Fond auffüllen. Die Soße eventuell noch mit Salz und Pfeffer abschmecken.

Das Kaninchenfleisch von den Knochen lösen und in Streifen und Scheiben schneiden. Mit der Soße und kurzgebratenem Gemüse servieren – zum Beispiel mit Möhren- und Zucchinischeibchen, an denen die dunkelgrüne Schale noch zu sehen ist.

Penne mit Gemüse aus Valdichiana

(Für 4 Personen)

280 g Penne
200 ml Tomatensoße
150 g Zucchini, gewürfelt
150 g Aubergine, gewürfelt
150 g Paprika, in Streifen geschnitten (am besten rote, gelbe und grüne)
150 g grüne Bohnen, in 5 cm lange Stücke geschnitten
50 g Butter
5 g Petersilie, gehackt
4 Spitzen von Rosmarinzweigen
12 schwarze Oliven
kaltgepreßtes Olivenöl
Salz und Pfeffer
Parmesan, dünn gehobelt

Die Penne in einem großen Topf mit sprudelndem Wasser *al dente* kochen und dann abtropfen lassen. Die Gemüsewürfel und -streifen mit Salz und Pfeffer im Öl kurz anbraten – am besten nach Sorten getrennt, damit alle gleich bißfest sind. Die Tomatensoße mit der gehackten Petersilie und den Rosmarinspitzen erwärmen (mit Rosmarin vorsichtig würzen, weil er dominierend ist). Die Butter unterziehen und zum Schluß erst das Gemüse, die Oliven und die Nudeln hinzufügen. Alles kurz in der Soße durchwärmen und mit Parmesan servieren.

Eine süße Verbindung

Wo sich in Italien die Wurzeln von Palmen und Hortensiensträuchern *(Hydrangea)* verflechten, gelingt es »Maestro« Redaelli, Erdbeeren in »Tulpen« anzurichten und aus sonnengereiften Zitronen, aus Heidelbeeren, Himbeeren und Brombeeren eine süße Kombination zu kreieren. Hier ist das Dessert mindestens genauso wichtig wie die ihm vorausgehenden Köstlichkeiten. Man bleibt noch ein wenig und genießt – nicht zuletzt die klangvolle Sprache. Und davon kann man schon ein bißchen »amoroso« werden.

Erdbeertulpen mit Mascarponesosse

(Für 4 Personen)

Für die Tulpen:

100 g Eiweiß (von 5 Eiern)
100 ml Sahne
80 g Mehl
8 g Puderzucker
1 Tropfen Vanille-Aroma

Alle Zutaten in der obigen Reihenfolge zu einem festen Teig verarbeiten. Teig ausrollen und 4 Kreise von 10 cm Durchmesser ausschneiden. Bei 180 °C etwa 10 Minuten im Ofen backen. Herausnehmen und auf umgedrehten Schüsselchen abkühlen lassen, so daß der Teig die Form der Schüsseln annimmt.

Für die Mascarponesoße:

150 g Mascarpone
3 Eigelb
60 g Zucker
100 ml Sahne

Eigelb mit Zucker leicht aufschlagen, Mascarpone hinzufügen. Sahne steif schlagen und unter die Mascarponemischung heben. 30 Minuten kalt stellen. Mascarponesoße auf die Teigtulpen verteilen, 600 g Erdbeeren halbieren und darauf anrichten; mit Puderzucker bestäuben und mit Minzeblättern garnieren.

Zitronentorte

(Für 8 Personen)

250 g Blätterteig
2 Eigelb
2 Eiweiß
90 g Zucker
60 g Butter, in sehr kleine Stücke geschnitten
Saft von 2 Zitronen
1 Prise Salz
Puderzucker
Minzeblätter
Himbeeren, Heidelbeeren und Brombeeren

Blätterteig 3 mm dick ausrollen. Einen Kreis ausschneiden und den Boden einer Spingform damit belegen. Aus dem restlichen Teig einen etwa 70 cm langen Strang bilden und den Rand der Form damit auskleiden. Vorsichtig mit den Fingern andrücken, um Rand und Boden zu verbinden. Ungebacken soll der Rand etwa 1,5 cm hoch sein. Mit einer Gabel Löcher in den Teigboden stechen, damit der Teig beim Backen nicht zu sehr aufgeht. Im vorgewärmten Ofen bei 180 °C 15 Minuten backen. Herausnehmen, aus der Form lösen und abkühlen lassen.
In der Zwischenzeit Eigelb mit Zucker in einer Edelstahlschüssel aufschlagen. Wenn die Masse hell wird, Schüssel in ein Wasserbad stellen und weitere 3 Minuten schlagen. Nach und nach die Butter dazugeben; weitere 3 Minuten schlagen. Zitronensaft angießen und mit einem Holzlöffel 5 Minuten rühren. Die sahnige Soße aus dem Wasserbad nehmen und etwas abkühlen lassen.
Eiweiß mit dem Salz steif schlagen und mit einem Holzlöffel vorsichtig unter die Zitronensoße heben. Füllung in die Teigform gießen, etwas Puderzucker darüberstäuben und die Torte 3 Minuten im auf 250 °C vorgeheizten Ofen backen. Danach etwa 1 Stunde abkühlen lassen; anschließend mit frischen roten und blauen Beeren servieren.

Sieh mal: die Sonne

Sonnenblumen *(Helianthus annuus)* haben ihren Namen nicht nur aufgrund ihrer sonnenähnlichen, strahlenden

Blüten, sondern auch wegen ihrer Angewohnheit, in die Sonne zu »schauen«, indem sie ihre Blütenköpfe der Lichtquelle zuwenden – manchmal sieht man nur den »Hinterkopf« in Gelb und Grün. Ein Sonnenblumenfeld strahlt selbst dann, wenn es nicht von der Sonne beschienen wird.

Herbst ...

Bald stellen Bäume nur noch kräftige Silhouetten statt einen Wald dichten Grüns dar: Sie zeigen sich dann in winterlicher Schönheit.
Doch zuerst kommt der Herbst, der uns spüren läßt, wie Blatt und Blüte sich vorübergehend vor der Kälte zurückziehen, um für den kommenden, ebenfalls vergänglichen, Frühling neue Kraft zu sammeln. Farbenprächtig ist dieser Abschied: feurige Töne, gedämpft von sanftem Grau, an wogenden Halmen und abgefallenen Blättern, die einen Farbteppich unter den Bäumen ausbreiten.

Frost …

Wenn Frost und Reif jeden Anblick in ein weiß beschlagenes Winterarrangement verwandeln, kann das durchaus reizvoll sein: Baumsilhouetten, immergrüne Pflanzen und selbst Steine werden dann in ihrer weißen Winterpracht zu einer Einheit.

Informationen und Adressen

»Restaurant de Bokkedoorns«
Zeeweg 53
Postfach 11
NL-2051 EB Overveen
Tel.: 0 23 / 5 26 36 00
Fax: 0 23 / 5 27 31 43
Rezepte auf Seite 78 bis 81.

»Clos St. Denis«
Grimmertingenstraat 24
B-3427 Kortessem
Tel.: 0 12 / 23 60 96
Fax: 0 12 / 26 32 07
Rezepte auf Seite 107 bis 111.

»Manoir-Restaurant Inter Scaldes«
Zandweg 2
NL-4416 NA Kruiningen
Tel.: 01 13 / 38 17 53
Fax: 01 13 / 38 17 63
Rezepte auf Seite 133 f. und 137.

»Restaurant de Kloosterhoeve«
Kloosterweg 2
NL-3841 XC Harmelen
Tel.: 03 48 / 44 40 40
Fax: 03 48 / 44 42 35
Rezept auf Seite 55 sowie die Obsttafel auf Seite 138/139 und das herbstliche Bukett auf Seite 155.

»Locanda dell'Amorosa«
Localita L'Amorosa
I-53048 Sinalunga
Tel.: 05 77 / 67 94 97
Fax: 05 77 / 63 20 01
Rezepte auf Seite 144 und 147 bis 151; Korb mit Kürbissen auf Seite 120; Hortensienrabatten auf Seite 140/141.

»Hostellerie Shamrock«
Muziekbos-Ommegangstraat 148
B-9681 Maarkedal
Tel.: 0 55 / 21 55 29
Fax: 0 55 / 21 56 83
Rezepte auf Seite 20, 23, 25 und 55 sowie das *Rhododendron*-Bukett auf Seite 60.

Mitwirkende

Tessa Feldhaus van Ham-van Dam Merrett
Den meisten ist sie unter dem Namen Tessa van Dam bekannt, aber sie ist schon seit Jahren verheiratet. In ihrem Lehrzentrum »Bloemen van de Lindenhof« im Betuwe, einem Landstrich in der niederländischen Provinz Gelderland, vermittelte sie viele Jahre ihr Wissen über Blumenarrangements; in der von ihr neu gegründeten »International School of Flower-decoration« (Kerckhemhoeve, Grote Straat, 3850 Wijer, Belgien) gibt sie umfangreicher als bisher ihre Kenntnisse weiter, die sie in der berühmten »Flower School of Constance Spry« in London erworben hat und die beim »Flower-Service« in Den Haag und Amsterdam auf die praktische Probe gestellt wurden. Auch dieses Buch zeugt von ihrem Können, denn die meisten Arrangements, die Kees Hageman fotografiert hat, wurden von ihr zusammengestellt.

Brigitte Gentis-van Dam Merrett
Die Schwester von Tessa Feldhaus van Ham-van Dam Merrett lebt und arbeitet in Nijkerk. Auch sie hat ihr Wissen der Schönheit von Blumen gewidmet, wie man auf Seite 76 ff. und 100/101 bewundern kann.

In alphabetischer Reihenfolge:
Amstelpark
Amstelpark 15
NL-1083 HZ Amsterdam-Buitenveldert
Tel.: 0 20 / 6 44 42 16
Täglich geöffnet von 8 Uhr bis eine halbe Stunde vor Sonnenuntergang. Hier wurden der *Rhododendron*-Strauß auf Seite 61 geschnitten und die Nahaufnahmen auf Seite 62/63 angefertigt.

Peter Bauwens
»De Nieuwe Tuin«
Trompwegel 27
B-9170 De Klinge
Tel.: 03 / 7 70 78 16
Führt Nutz- und Blattpflanzen; insbesondere können hier Meerfenchelsamen bestellt werden (siehe Seite 23).

»Belle Epoque«
Oosteinderweg 489
NL-1432 BJ Aalsmeer
Fax: 02 97 / 34 05 97
Führen viele der alten und botanischen Rosen, die in diesem Buch vorkommen.

Charlotte Bentinck
In ihrem Garten in Amsterdam wachsen die Magnolien, die auf Seite 40/41 abgebildet sind, sowie der baumartige *Rhododendron* auf Seite 62/63.

»den Bol op Redichem«
Der Antiquitätenhändler Baron Mr. J. A. G. de Vos van Steenwijk und Herr H. van der Steenhoven aus Culemborg besorgten die silbernen Gefäße

für das Hyazinthenarrangement auf Seite 16 und stellten den Platz für den Strauß nach klassischem Vorbild auf Seite 33 zur Verfügung. Das Gemälde stammt aus der Schule von Van Spaendonck.

»Haus Brugchelen«
In seinem Garten in 's Graveland gedeihen die blaublühende Glyzine und die *Clematis* von Seite 114.

»Bulkyard Plants«
Postfach 56
NL-2770 AB Boskoop
Tel.: 01 72 / 21 07 43, Fax: 01 72 / 21 17 24
Führen Kletter- und Kübelpflanzen und besondere Gewächse.

Isha van Delft und Jean Jacques Massee
Sie leben in Rossum und stellten ihr Haus freundlicherweise für Aufnahmen vieler der Hyazinthenarrangements auf Seite 16/17 zur Verfügung.

Guy Dirix
»Belle-époque Nutz- und Zierpflanzen«
Kon. Kasteeldreef 25
B-1860 Meise
Tel.: 02 / 2 69 06 92
Führen viele Nutzpflanzen, darunter Kürbisse in allen Stadien: im Frühling Samen und junge Pflanzen sowie die reifen Früchte der Nachsaison.

»A Esquinha«
Geschäft in Sintra bei Lissabon, in dem die Tontöpfe auf Seite 92 erhältlich sind.

Jaap Gondelach
Gärtnerei »Leemzoom«
Europaweg 18
NL-3451 HG Vleuten
Tel. / Fax: 0 30 / 6 77 13 06
Hier wurden die Kürbisse geerntet, die die Obsttafel auf Seite 138/139 schmücken.

Kasteel Beervelde
B-9080 Beervelde
Tel.: 09 / 3 55 55 40, Fax: 09 / 3 55 08 31
Auf Beervelde bei Lochristi, in der Nähe von Gent, wurden die Farne auf Seite 20, die Alpenrosen auf Seite 58/59 und die Schwertlilien auf Seite 66/67 fotografiert. Im Frühjahr und Herbst finden dort Gartenausstellungen statt, die »Tuindagen van Beervelde« (»Beervelder Gartentage«): jeweils am zweiten Wochenende im Mai und Oktober.

Kasteel Hex
B-3870 Hex
Tel.: 0 12 / 74 73 41, Fax: 0 12 / 74 49 87
Das Schloß in der Nähe von Heers umfaßt unter anderem einen prachtvollen Rosengarten, in dem alle Fotografien auf Seite 68/69 und 102/103 angefertigt wurden. Auch einige der Nahaufnahmen auf Seite 104/105 wurden dort gemacht. Am ersten und dritten Wochenende im Juni ist das Schloß für Besucher geöffnet; die »Küchengartentage« finden am dritten Wochenende im September statt.

De Keukenhof
Postfach 66
NL-2160 AB Lisse
Tel.: 02 52 / 46 55 55, Fax: 02 52 / 46 55 65
Hier wurden die Fotografien auf Seite 26/27 angefertigt. Der Keukenhof ist von Mitte März bis Mitte Mai geöffnet.

Peter Nijssen
Sportparklaan 25A
NL-2103 VR Heemstede
Tel.: 0 23 / 5 47 10 56 und 02 52 / 21 88 94 (Bestellungen), Fax: 0 23 / 5 28 22 08
Der schöne Katalog weist unter anderem viele Pfingstrosen und eine große Auswahl an Zwiebelgewächsen, darunter viele *Allium*-Sorten, auf.

Antiquitätenhändler Robert Noortman
Zu seinem Schloß De Grote Mot in Belgien gehört ein wundervoller Rosengarten, der von Jacques Wirtz entworfen wurde. Die Aufnahmen für Seite 100/101, 106/107 sowie einige Fotografien von Seite 104/105 wurden dort gemacht.

Teuntje van Os
Sie schuf in Bergen (Nordholland) den bildschönen Wintergarten auf Seite 118/119.

Marie-Louise van Overdijk-Reek
Sie stellte in Nivelles in Belgien den Ort zum Fotografieren der Hasenglöckchen auf Seite 14/15, des Schmucklilienstraußes auf Seite 19 sowie des Magnolienstraußes (mit dem dazugehörigen Baum) auf Seite 42/43 zur Verfügung.

Giuppi Pietromarchi
In ihrem Atelier in Capalbio, Italien, wurde die Obsttafel auf Seite 130/131 fotografiert. Auch der *Agapanthus* unter Olivenbäumen auf Seite 18 wurde bei ihr aufgenommen.

»Kwekerij Jacques Prins & Zn.«
Die Gärtnerei in Anna Paulowna lieferte viele der Hyazinthen von Seite 16/17.

»Puccini«
Staalstraat 17
NL-1011 JK Amsterdam
Tel: 0 20 / 6 26 54 74
Hier wurde die Torte auf Seite 126 gebacken.

Rathaus 's Graveland
Im Park des Rathauses steht der herrliche Schneeglöckchenbaum *Halesia carolina* von Seite 12/13.

M. van Rijckevorsel
Aus Frau van Rijckevorsels Garten in Vught stammen die weißen und blauen Glyzinen- und die Goldregenzweige für das Arrangement auf Seite 116/117.

Willemijn Stuit
Frau Stuit gestaltete in Ingen im Betuwe den Kräutergarten von Seite 135.

Thecla Stuyling-de Lange
Auch sie lebt in Tuil im Betuwe und erklärte sich bereit, einen Apfelkuchen nach Tatins Art zu backen und ihr Anwesen für die Aufnahmen der Kräutersträuße auf Seite 128/129 und einige Nahaufnahmen von Tulpen auf den Tulpen-Seiten zur Verfügung zu stellen.

Frau und Herr E. Teekens
Auf ihrem Grundstück in Vogelenzang wurden die Wiesenkerbel-Aufnahmen von Seite 44 bis 47 gemacht. Auch das Arrangement aus Mohn und Gläsern auf Seite 86 wurde von ihnen zusammengestellt und fotografiert.

Thompson & Morgan
Poplar Lane
GB-Ipswich, Suffolk, IP8 3BU
Tel.: 0 14 73 / 68 88 21 und 0 14 73 / 68 85 88,
Fax: 0 14 73 / 68 01 99
Schöner Katalog mit jährlich neuen Sorten und Varietäten unterschiedlicher Pflanzen. (In den vergangenen Jahren immer mehr *Passiflora*-Sorten.)

Axel Vervoordt
Er lebt und arbeitet als Antiquitätenhändler und Designer im Schloß 's Gravenwezel in Belgien. Die Aufnahmen auf Seite 156/157 wurden dort gemacht sowie von *Clematis* 'Nelly Moser' auf Seite 112, den blauen chinesischen Vasen auf Seite 51 und den rosablühenden *Prunus*-Arten auf Seite 10/11. (Schloß 's Gravenwezel, B-2970 's Gravenwezel, Sint Jobssteenweg 64, Tel.: 03 / 6 58 14 70, Fax: 03 / 6 58 37 81.)

Frau und Herr Welle
Aus ihrer Sammlung in Tuil stammen alle Pfingstrosen auf Seite 70 bis 73.

»Xotus«
Middelweg 1
NL-2616 LV Delft
Tel.: 0 15 / 2 14 66 67, Fax: 0 15 / 2 13 72 62
Die Adresse für exotische Obst- und Gemüsepflanzen, Passionsblumen und andere interessante (Kletter-)Pflanzen und Kräuter.

Rita van der Zalm
aus Noordwijkerhout besorgte alle *Allium*-Arten und -Sorten (inklusive ihrer botanischen Bezeichnungen), die auf Seite 122 bis 125 zu sehen sind.

Pflanzenregister

Die Deutsche Bibliothek – CIP-Einheitsaufnahme

Schönheit der Natur – Blumen: mit Rezepten aus dem Paradies / Elisabeth de Lestrieux; Kees Hageman. [Aus dem Niederländ. von Andrea C. Busch]. – Köln: DuMont, 1997
Einheitssacht.: Uit de natuur – bloemen <dt.>
ISBN 3-7701-4052-4
NE: Lestrieux, Elisabeth de; Hageman, Kees; Busch, Andrea C. [Übers.]; EST

© 1997 der niederländischen Ausgabe: Terra Publishing Co., Warnsveld
© 1997 der deutschen Ausgabe: DuMont Buchverlag, Köln
Alle deutschsprachigen Rechte vorbehalten

Aus dem Niederländischen von Andrea C. Busch
Redaktion und Herstellung der deutschen Ausgabe: Angelika Franz, München
Assistenz / Styling: Hans Brouwer, Ralph Neijendorf
Layout: Wim Clifford, Amsterdam
Reproduktion und Druck: Tesink, Zutphen
Buchbinderische Verarbeitung: Callenbach, Nijkerk

Printed in Netherlands ISBN 3-7701-4052-4